信息化时代小学科学课程教学策略研究

远新蕾 著

北 京
冶金工业出版社
2021

内 容 提 要

  本书在详细介绍科学教育与小学科学课程的基础上，对当前小学科学教育实施效果进行分析，查找小学科学教育中存在的不足，从小学科学涉及的各个领域的教学目标及特点入手，将信息技术与小学科学学科深度融合，提出物质科学领域、生命科学领域、地球与宇宙科学领域以及技术与工程领域的信息化教学策略，为小学科学教育一线工作者及研究者提供行之有效的信息化教学策略。每章后都列有教学应用案例，力求做到理论性与实用性的统一。

  本书可供小学科学教育工作者、信息技术教育学科课程融合方向的研究者及师范类教育专业师生阅读参考。

图书在版编目（CIP）数据

信息化时代小学科学课程教学策略研究/远新蕾著 . —
北京：冶金工业出版社，2021.1
 ISBN 978-7-5024-8705-8

 Ⅰ. ①信… Ⅱ. ①远… Ⅲ. ①科学知识—教学研究—小学
Ⅳ. ①G623.62

 中国版本图书馆 CIP 数据核字(2021)第 019324 号

出 版 人 苏长永
地 址 北京市东城区嵩祝院北巷 39 号 邮编 100009 电话 (010)64027926
网 址 www. cnmip. com. cn 电子信箱 yjcbs@ cnmip. com. cn
责任编辑 曾 媛 美术编辑 郑小利 版式设计 禹 蕊
责任校对 李 娜 责任印制 禹 蕊
ISBN 978-7-5024-8705-8
冶金工业出版社出版发行；各地新华书店经销；三河市双峰印刷装订有限公司印刷
2021 年 1 月第 1 版，2021 年 1 月第 1 次印刷
169mm×239mm；10.25 印张；196 千字；151 页
69.00 元
冶金工业出版社 投稿电话 (010)64027932 投稿信箱 tougao@cnmip. com. cn
冶金工业出版社营销中心 电话 (010)64044283 传真 (010)64027893
冶金工业出版社天猫旗舰店 yjgycbs. tmall. com
    (本书如有印装质量问题，本社营销中心负责退换)

前 言

21 世纪是信息时代，是多媒体、互联网无处不在的时代，信息技术影响了人类社会的各个领域，新技术、新的学习方式也让学校教育开始了变革之路。

我国《基础教育课程改革纲要（试行）》明确指出："大力推进信息技术在教学过程中的普遍应用，促进信息技术与学科课程的整合，逐步实现教学内容的呈现方式、学生的学习方式、教师的教学方式和师生互动方式的变革，充分发挥信息技术的优势，为学生的学习和发展提供丰富多彩的教育环境和有力的学习工具。"

本书从当地小学科学教育实施效果分析着手，以 2017 版《义务教育小学科学课程标准》为依据，分别对小学科学的物质科学、生命科学、地理与宇宙科学、技术与工程四个领域的教学要求和教学内容进行分析，以信息技术的视角尝试提出信息技术辅助各领域课程教学的策略。将小学科学教学内容和技术应用两条线索融合在一起，阐述了交互支持、图像识别、虚拟现实、图示表达、数字三维模型等现代信息技术在小学科学教育教学中的具体应用，旨在充分利用信息技术优化小学科学课堂教学、转变教学方式，以支持优质、创新的课堂实践与个性、灵活的学生学习为价值取向。

书中所涉及的应用软件或网络资源都是经过筛选的，其目的是既要达成学科教学目标，又要尽量不增加学科教师技术负担，避免使用过于专业、操作难度大的信息处理工具，力争达到让学科教师投入较少的精力学习技术获取更有效的信息化教学效果的目的，特别关注信息技术于小学科学教学应用的实践线索。

于海英教授和张馨老师在本书撰写过程中给予了指导和帮助，在此表示感谢！

本书的出版得到"黑龙江省哲学社会科学学科体系创新支持计划项目"资助；硕士研究生夏秀华，以及刘泽、唐美欣、王泰淇、王鑫、王美慧、宋雨卓、冯静茹、庞思雨、王冬梅等同学对本书实证数据的收集整理、文字排版与校对做出了大量的工作，在此表示衷心的感谢！

由于作者水平所限，书中疏漏和不妥之处，恳请读者批评指正。

作　者
2020 年 8 月

目　录

1 概　　述

1.1　研究背景

1.1.1　国家层面要求教师将信息技术与教育教学融合

近年来互联网技术发展快速，人工智能、VR 等技术逐渐地进入到人们的生活当中。各行各业为适应社会需求，逐渐加深社会信息化。2010 年 5 月，国务院总理温家宝主持召开国务院常务会议，审议并通过《国家中长期教育改革和发展规划纲要（2010—2020 年）》，其对教育现代化发展提出了要求即：要求教师提升信息技术的应用能力，提高信息技术水平；2014 年 5 月，教育部颁布《中小学教师信息技术应用能力标准（试行）》，其根据实际条件的不同、师生信息技术应用情境的差异，从技术素养、计划与准备、组织与管理、评估与诊断、学习与发展等五个维度对中小学教师信心技术应用能力做出要求，目的是要全面提升中小学教师信息技术应用能力，促进信息技术与教育教学深度融合；2017 年 1 月，国务院颁布《关于印发国家教育事业发展"十三五"规划的通知》，其中强调要加快教育信息化的发展，鼓励教师创新教学模式，促进信息技术与教育的融合与创新发展；2019 年 2 月，中共中央、国务院印发《中国教育现代化 2035》中要求学校建设智慧化校园等方式来推动教育现代化和加快教育领域的变革；2019 年 3 月，教育部发布《关于实施全国中小学教师信息技术应用能力提升工程 2.0 的意见》，其总体发展目标指出要全面促进信息技术与教育教学融合创新发展，提出促进教师跨学科教学能力提升的措施，推动信息化教育教学创新，全面提升学生核心素养。其中提倡教师应用大数据，人工智能等技术促进自身的专业发展，提升信息化教学水平。

1.1.2　信息时代学生的学习特点要求信息技术与教育教学融合

在 2001 年，美国著名教育专家 Marc Prensky 提出"数字原住民"的概念，指的是生于网络时代、在网络时代成长起来的公民。在我国被称为"数字原住民"的 00 后早已开始进入基础教育阶段，而且随着信息化进程发展，后续的"数字原住民"他们的信息化特性将越来越强。他们的认知方式、学习方式、生活方式甚至思维方式都有别于非数字化的传统方式。他们的学习资源广泛且多元化，学习资源的内容涉及的领域更广博，学习资源的表现形式更多元化。早期依托于广播电视的电化教学属于一种有别于传统的教育教学方式，网络为载体的移动终端加之各种类型的学习资源，让"数字原住民"的学习时间、地点不再受限制，呈现出更为多样化的学习方式。信息时代的学生个体学习差异非常大，互联网+教育的模式让学生的学习风格、学习策略、学习动机的个体差异性得以满足，这个是传统课堂学习满足不了的。现在是一个最好的时代，只要你想学，通过网络就一定能找到学习的资源，为自学提供更多支持。在这样的大环境下，信息时代的教师已经结束了课堂"知识权威"地位，必须进行教育改革，从理念上、技术上将信息技术与课程教学有效融合，结合信息时代这些"数字原住民"的学习特点，满足他们的学习需求，创新教学模式，全面提升学生核心素养，培养创新型人才。

1.1.3　小学信息化学习环境支持信息技术与教育教学融合

学习环境是随着教学与学习活动的发生而出现的，其演变过程从最初的以大自然作为学习场所，到后来的庠序、私塾等私学以及太学、国子监等官学，再到后来的班级课堂环境等。随着现代信息技术的发展及其在小学教育教学中的广泛应用，在国家政策引导下，"黑板+粉笔"的课堂环境已经成为传统学习环境，信息时代的学习环境逐渐走向多媒体化、网络化、数字化、智慧化。

《国家中长期教育改革和发展规划纲要（2010—2020年）》正式将义务教育学校标准化建设作为我国推进义务教育均衡发展的重要任务，自此，各级地方政府纷纷结合本地实际情况颁布了《义务教育学校办学基本标准》《义务教育学校标准化建设监测办法》等文件确保标准化的进行。在《义务教育学校办学基本标准》的执行过程中，经济欠发达地区的中小学也有了信息化环境的最低配置要求，整体达到信息化教育教学的标准，使教育信息化具备环境基础；《教育信息化"十三五"规划》中提出"基本建成人人可享有优质教育资源的信息化学习环境""创新'网络学习空间人人通'的建设与应用模式，拓展信息时代教学、管理与服务方式"的要求；2017年2月，教育部办公厅印发《2017年教育信息化工作要点》，其中对"完善教育信息化基础环境建设"提出了具体的要求，农村学校信息化建设投入将得到重点保障，推动将学校网络教学环境和备课环境建设纳入义务教育学校建设标准，鼓励具备条件的学校为师生配备教学终端，使具备条件的学校基本实现互联网全覆盖、网络教学环境全覆盖；2018年4月，教育部发布《网络学习空间建设与应用指南》，对网络学习空间的构成、个人与机构空间、公共应用服务、数据分析服务和空间安全保障全方位提出网络学习空间功能框架，在教师空间还提出了教学管理、学情分析、网络研修三方面的具体要求。

学习环境的信息化变化和不断升级，为各学科教师将信息技术融入教学提供了技术支持，为信息技术与学科课程教学更深层次的融合提供环境基础。

1.1.4 小学科学教学改革要求信息技术与学科教学融合

从国际科学教育改革的总体趋势来看，科学教育越来越受到重视。20 世纪末，随着国际课程改革浪潮的兴起，从"四个学会"到 PISA、TIMSS 测试的研制，体现出在教育改革中不仅关注科学知识，更关注对"完整的人"的培养，在科学领域开始重视科学技术与个人、社会的关联。我国小学科学课程教学也不断经历着深刻的变革。从课程名称上看，自中华人民共和国成立，小学科学曾用名有"常识""自然""自然常识"，至现在的"科学"，从课程名称的变革中不难看出课程教学更趋向对科学的认知方式及结果的教育价值取向。从课时上看，2001 年《全日制义务教育科学（3～6 年级）课程标准（实验稿）》中对科学课课时做出要求，要求科学课课时要占义务教育总课时的 7%～9%。即便按最低标准 7% 计算，小学科学总课时从原来的 272 节增加到 340 节；2017 年《义务教育小学科学课程标准》，要求小学科学课程从原来的 3～6 年级开设改为 1～6 年级开设。课时的增加使课程中实施科学探究、开展科学研究活动有了时间保障。从教材改革上看，教材内容越来越强调探究能力的培养以及教学内容的综合性、适应性，不仅要促进学生对不同学科领域科学知识的掌握，还要让学生了解各个学科之间的联系，并且要掌握基本的科学方法，具备一定运用科学技术解决实际问题的能力，培养学生科学素养。小学科学教学也出现新的发展特征，更加强调动手与动脑并重，强调学生要动手，要亲历，强调教学内容与生活联系，强调要突显学生的主体地位，强调信息技术与教学的结合。在对科学教学模式探索中，对传统讲授、讨论、实验等教学方法不断的优化与完善，出现了新的教学方法和模式。在这些新方法、新模式中到处都透露出信息技术的身影：任务驱动教学中创设情境，信息技术的融入将创设出更形象、更真实的情景。学生自主学习、主动探究、协作，网络教学环境能为他们提供更多信息资源、更多交流方式。思维导图教学中融入信息技术，让思维导图的构建更便捷、内容形式更丰富。从课程评价改革看，信息技术的融入将更有利于创新教学评价的实践，使评价的范围更广，评价形式更丰富，评价实施更容易。

总之，在小学科学教育越来越受重视的信息时代，信息技术与学科教学的有效融入、深度融合将促进开展有效教学，促进学生问题解决能力和创造力培养，有利于培养符合新时代要求的高素质人才。

1.2 研究的意义

基于信息化的时代背景，教师为适应时代的变化需要不断发展自身的能力，这就对教师提出了更高的要求，使得教师应用信息技术进行教学的能力成为信息时代下影响教师教学的重要因素。教育现代化要求教师转变过去的教学方式，提倡信息化教学的教学方式。而我国的中小学教师在教学的过程中往往会忽略学生的主体地位，在教学时采用传统的教学方式，在评价学生的时候通常将考试测验的结果作为评价学生整体能力的唯一标准。所以在现如今信息化的时代，教师需要做出改变，教师需要具备将信息技术有效地应用到学科教育教学当中的能力。

本研究立意于充分利用信息技术优化小学科学课堂教学、转变学习方式，以支持优质、创新的课堂实践与个性、灵活的学生学习为价值取向。特别关注有助于信息技术应用于小学科学教学的实践线索。

理论意义：从小学科学课程教学内容及各领域特设出发，探索信息技术与小学科学学科教学相融合的途径、方法，符合国家信息技术与学科教学深度融合的大趋势。从小学科学课程设计的物质科学、生命科学、地球与宇宙科学和技术与工程四个领域逐一分析，并从计算机领域探索适合的技术，为小学科学教师提供信息技术与课程融合的理论指导。

实践意义：本着极简、方便实用的原则，尽量避免增加教师安装新软件、专业软件的技术难度，选择最简洁的操作流程直击各领域教学中的实际问题，提供大量可用信息资源，为小学科学教师提供信息技术与课程融合的实施，提供有利于学生自主学习、有利于创新教学模式、可操作性强的具体措施，对小学科学教师信息技术实际应用具有一定的指导价值。

1.3　问题的提出

随着科学技术的快速发展，不断出现的新技术就像人类认识世界的新工具，人类利用新技术不断加深对世界的认识，这也是科学的本质之一。在教育领域，从幻灯片在教学中的普及式应用到互联网+教育，从 CAI（计算机辅助教学）到信息技术与教育深度融合，不论是因为国家的信息化工作战略、教学改革的要求，还是社会发展的必然，教育者一直在践行将技术应用于教育教学活动。

2014 年教育部颁发的《中小学教师信息技术应用能力标准（试行）》（以下简称《标准》）的通知，《标准》从技术素养、计划与准备、组织与管理、评估与诊断、学习与发展等五个维度制定了中小学教师信息技术应用能力的具体标准，其中技术素养、计划与准备、组织与管理三个维度对应课前、课上和课后三个教学阶段。在《标准》中对我国中小学教师应用信息技术进行教学和促进自身发展的能力提出了两项要求："应用信息技术优化课堂教学"和"应用信息技术转变学习方式"，从授教学知识、指导评价等教学活动的基本要求到帮助学生学习，培养学生合作交流的能力，促进学生发展的高层次要求，高屋建瓴地对教师信息技术基础技能和发展做出要求。

从了解新技术到将技术熟练有效地运用到教育教学当中，对学科教师来说，难度很大。他们需要从技术应用上得到支持与帮助，不要让学科教师在技术的海洋里去搜索适合用于学科教育教学的技术，而是针对他所教授的学科，告诉他有哪些技术可以使用，如何使用。先解决学科教师从心理上对新技术的抗拒、恐惧，从技术上用最直接的方式让他们先用起来，在用的过程中教师自然产生对信息化教育的理解与体会，感受到信息技术在教育教学中的优势，并乐于探索信息技术与教育融合的方法途径。教师从心理接受信息技术与教育教学融合的必要性，从行动上不断深化教育信息化，必然能够达成信息化教育。

小学科学课程对儿童来说是科学启蒙，在这个阶段科学课的总目标就是培养学生的科学素养，培养学生了解科学技术对社会、对个人的影响，要让学生知道基本的科学方法，在学习过程中认识科学的本质，培养学生树立科学思想、培养学生崇高的科学精神，以及运用它们处理、解决实际问题的能力。在这个科学启蒙的过程中，基础性、综合性、实践性是科学教育的本质，小学科学教师在保证科学教育本质不动摇的前提下，有效地运行技术能够促进教学效果的提高，改变课堂教学模式，激发学习兴趣，培养学生的自主学习能力和协作创新精神。然而我们不得不承认，技术发展太快，教师在全面把握学科内容知识的同时要不断更新自己的教法知识，还要掌握不断发展的信息技术，尤其小学科学教师要涉及的领域最为广泛，几乎涵盖了整个世界，小学科学教师在教育信息化进程中，更需要教育技术专业研究人员提供技术支持，协助他们运用信息技术创新小学科学课堂教学模式，促进学生的深度学习。

2 小学科学课程概述

在我国小学科学课程的发展史上，其名称经历了格致→博物→理科→自然→常识→自然常识→自然→科学的变化。发展历程大致划分为常识、自然、自然常识、科学四个时期。至 2017 年最新《义务教育小学科学课程标准》颁布，将小学科学课程定性以培养学生科学素养为宗旨的义务教育阶段的基础性课程，在小学课程设置中与其他主要学科一样，具有十分重要的位置。

2.1 小学科学课的性质

小学科学课程是一门基础性课程。早期的科学教育对一个人的科学素养的形成具有十分重要的作用。通过小学科学课程的学习，能够使学生体验科学探究的过程，初步了解与小学生认知水平相适应的一些基本的科学知识；培养提问的习惯，初步学习观察、调查、比较、分类、分析资料、得出结论等方法；能够利用科学方法和科学知识初步理解身边自然现象和解决某些简单的实际问题；培养对自然的好奇心，以及批判和创新意识、环境保护意识、合作意识和社会责任感，为今后的学习、生活以及终身发展奠定良好的基础。

小学科学课程是一门实践性课程。探究活动是学生学习科学的重要方式。小学科学课程把探究活动作为学生学习科学的重要方式，强调从学生熟悉的日常生活出发，通过学生亲身经历动手动脑等实践活动，了解科学探究的具体方法和技能，理解基本的科学知识，发现和提出生活实际中的简单科学问题，并尝试用科学方法和科学知识予以解决，在实践中体验和积累认知世界的经验，提高科学能力，培养科学态度，学习与同伴的交流、交往与合作。

小学科学课程是一门综合性课程。理解自然现象和解决实际问题需要综合运用不同领域的知识和方法。小学科学课程针对学生身边的现象，从物质科学、生命科学、地球和宇宙科学、技术与工程四个领域，综合呈现科学知识和科学方法，强调这四个领域知识之间的相互渗透和相互联系，注重自然世界的整体性，发挥不同知识领域的教育功能和思维培养功能；注重学习内容与已有经验的结合、动手与动脑的结合、书本知识学习与社会实践的结合、理解自然与解决问题的结合，着力提高学生的综合能力；强调科学课程与并行开设的语文、数学等课程相互渗透，促进学生的全面发展。

2.2　小学科学课程基本理念

2.2.1　面向全体学生

小学科学课程对于培养学生的科学素养、创新精神和实践能力具有重要的价值，每个学生都要学好科学。小学科学课程要面向全体学生，适应学生个性发展的需要，使他们获得良好的科学教育。无论学生之间存在着怎样的地区、民族、经济和文化背景的差异，或者性别、个性等个体条件的不同，小学科学课程都要为全体学生提供适合的、公平的学习和发展机会。

2.2.2　倡导探究式学习

科学探究是人们探索和了解自然、获得科学知识的重要方法。以证据为基础，运用各种信息分析和逻辑推理得出结论，公开研究结果，接受质疑，不断更新和深入，是科学探究的主要特点。

小学科学课程的学习方式是多种多样的，探究式学习是学生学习科学的重要方式。探究式学习是指在教师的指导、组织和支持下，让学生主动参与、动手动脑、积极体验，经历科学探究的过程，以获取科学知识、领悟科学思想、学习科学方法为目的的学习方式。

小学科学课程倡导以探究式学习为主的多样化学习方式，促进学生主动探究。突出创设学习环境，为学生提供更多自主选择的学习空间和充分的探究式学习机会；强调做中学和学中思，通过合作与探究，逐步培养学生提出科学问题的能力、收集和处理信息的能力、获取新知识的能力、分析问题和解决问题的能力，以及交流与合作的能力等，发展学生的创造性、批判性思维和想象力；重视科学与人文的结合、求善求美教育与求真教育的结合，培养学生基本的科学伦理精神和热爱科学的品质。

2.2.3　保护学生的好奇心和求知欲

小学生对周围世界具有强烈的好奇心和求知欲，这种好奇心和求知欲是推动学生科学学习的内在动力，对其终身发展具有重要的作用。小学科学课程的组织与教学要兼顾知识、社会、儿童三者的需求，将科学本质、科学思想、科学知识、科学方法等学习内容镶嵌在儿童喜闻乐见的科学主题中，创设愉快的教学氛围，保护学生的好奇心和求知欲，激发学生学习科学的兴趣，引导学生主动探究，积累生活经验，增强课程的意义性和趣味性。

2.2.4　突出学生的主体地位

学生是学习与发展的主体，教师是学习过程的组织者、引导者和促进者。在小学科学教学中，教师要突出学生的主体地位，基于学生的认知水平，联系学生已有的知识和经验，充分利用学校、家庭、社区等各种资源，创设良好的学习环境，引起学生的认知冲突，引导学生主动探究，启发学生积极思维；要重视师生互动和生生互动，引导学生对所学知识和方法进行总结与反思，使学生逐步学会调节自身的学习，能够独立和合作学习，克服学习过程中的困难，成为一个具有终身学习能力的学习者。

2.3　小学科学的课程目标及分析

2017版《义务教育小学科学课程标准》（以下简称《课标》）中指出：小学科学课程的总目标是培养学生的科学素养，并为他们继续学习、成为合格公民和终身发展奠定良好的基础。学生通过科学课程的学习，保持和发展对自然的好奇心和探究热情；了解与认知水平相适应的科学知识；体验科学探究的基本过程，培养良好的学习习惯，发展科学探究能力；发展学习能力、思维能力、实践能力和创新能力，以及用科学语言与他人交流和沟通的能力；形成尊重事实、乐于探究、与他人合作的科学态度；了解科学、技术、社会和环境的关系，具有创新意识、保护环境的意识和社会责任感。《课标》中分别从"科学知识""科学探究""科学态度""科学、技术、社会与环境"四个方面阐述具体目标。

2.3.1　科学知识目标

2.3.1.1　科学知识总目标

（1）了解物质的基本性质和基本运动形式，认识物体的运动、力的作用、能量、能量的不同形式及其相互转换。

（2）了解生物体的主要特征，知道生物体的生命活动和生命周期；认识人体和健康，以及生物体与环境的相互作用。

（3）了解太阳系和一些星座；认识地球的面貌，了解地球的运动；认识人类与环境的关系，知道地球是人类应当珍惜的家园。

（4）了解技术是人类能力的延伸，技术是改变世界的力量，技术推动着人类社会的发展和文明进程。

2.3.1.2 科学知识学段目标（表2-1）

表2-1 科学知识学段目标

领域	科学知识学段目标		
	1~2年级	3~4年级	5~6年级
物质科学	观察、描述常见物体的基本特征；辨别生活中常见的材料；知道常见的力	测量、描述物体的特征和材料的性能；描述物体的运动，认识力的作用；了解不同形式的能量	初步了解常见的物质的变化；知道不同能量之间的转换
生命科学	认识周边常见的动物和植物，能简单描述其外部主要特征	初步了解植物体和动物体的主要组成部分，知道动植物的生命周期；初步了解动物和植物都能产生后代，使其世代相传；能根据有关特征对生物进行简单分类；初步认识人体的主要生命活动	初步认识人体的主要生命活动和人体健康；初步了解动物与植物之间的相互关系；了解生物的生存条件和生物的多样性
地球与宇宙科学	知道与太阳、月球相关的一些自然现象；知道天气、土壤等对植物和人类生活的影响	知道太阳、地球、月球的运动特征，知道与它们有关的一些自然现象是有规律的；初步了解地球上大气、水、土壤、岩石的基本状况；初步认识大自然为人类生存提供了各种自然资源和能源，以及大自然中的一些自然灾害	知道太阳系及宇宙中一些星座的基本概况，知道昼夜交替、四季变化分别与地球自转和公转有关；初步了解地球上一些与大气运动、水循环、地壳运动有关的自然现象的成因；认识人类与自然资源和能源的关系，知道地球是人类应当珍惜的家园
技术与工程	认识身边的人工世界；了解常见的工具，知道简单工具的功能和使用方法；利用身边可制作加工的材料和简单工具动手完成简单的任务	知道人工世界是设计和制造出来的；意识到使用工具可以更加精确、便利、快捷；知道设计包括一系列步骤，完成一项工程设计需要分工与合作，需要考虑很多因素，任何设计都受到一定的条件制约	了解技术是人们改造周围环境的方法，是人类能力的延伸，工程是依据科学原理设计和制造物品、解决技术应用的难题、创造丰富多彩的人工世界的一系列活动；了解科学技术推动着人类社会的发展和文明进程

2.3.2 科学探究目标

2.3.2.1 科学探究总目标

（1）了解科学探究是获取科学知识的主要途径，是通过多种方法寻找证据、运用创造性思维和逻辑推理解决问题，并通过评价与交流等方式达成共识的过程。

（2）知道科学探究需要围绕已提出和聚焦的问题设计研究方案，通过收集和分析信息获取证据，经过推理得出结论，并通过有效表达与他人交流自己的探究结果和观点；能运用科学探究方法解决比较简单的日常生活问题。

（3）初步了解分析、综合、比较、分类、抽象、概括、推理、类比等思维方法，发展学习能力、思维能力、实践能力和创新能力，以及运用科学语言与他人交流和沟通的能力。

（4）初步了解通过科学探究达成共识的科学知识在一定阶段是正确的，但是随着新证据的增加，会不断完善和深入，甚至会发展变化。

2.3.2.2　科学探究学段目标（表2-2）

表2-2　科学探究学段目标

要素	科学探究学段目标		
	1~2年级	3~4年级	5~6年级
提出问题	在教师指导下，能从具体现象与事物的观察、比较中提出感兴趣的问题	在教师引导下，能从具体现象与事物的观察、比较中，提出可探究的科学问题	能基于所学的知识，从事物的结构功能、变化及相互关系等角度提出可探究的科学问题
做出假设	在教师指导下，能依据已有的经验，对问题做出简单猜想	在教师引导下，能基于已有经验和所学知识，从现象和事件发生的条件、过程、原因等方面提出假设	能基于所学的知识，从事物的结构功能、变化及相互关系等角度提出有针对性的假设，并能说明假设的依据
制订计划	在教师指导下，了解科学探究需要制订计划	在教师引导下，能基于所学知识，制订简单的探究计划	能基于所学的知识，制订比较完整的探究计划，初步具备实验设计的能力和控制变量的意识，并能设计单一变量的实验方案
搜集证据	在教师指导下，能利用多种感官或者简单的工具，观察对象的外部形态特征及现象	在教师引导下，能运用感官和选择恰当的工具、仪器，观察并描述对象的外部形态特征及现象	能基于所学的知识，通过观察、实验、查阅资料、调查、案例分析等方式获取事物的信息
处理信息	在教师指导下，能用语言初步描述信息	在教师引导下，能用比较科学的词汇、图示符号、统计图表等方式记录整理信息，陈述证据和结果	能基于所学的知识，用科学语言、概念图、统计图表等方式记录整理信息，表述探究结果
得出结论	在教师指导下，有运用观察与描述、比较与分类等方法得出结论的意识	在教师引导下，能依据证据运用分析、比较、推理、概括等方法，分析结果，得出结论	能基于所学的知识，运用分析、比较、推理、概括等方法得出科学探究的结论，判断结论与假设是否一致

续表 2-2

要素	科学探究学段目标		
	1~2 年级	3~4 年级	5~6 年级
表达交流	在教师指导下，能简要讲述探究过程与结论，并与同学讨论、交流	在教师引导下，能正确讲述自己的探究过程与结论，能倾听别人的意见，并与之交流	能基于所学的知识，采用不同的表述方式，如科学小论文、调查报告等方式，呈现探究的过程与结论（能基于证据质疑并评价别人的探究报告）
反思评价	在教师指导下，具有对探究过程、方法和结果进行反思、评价与改进的意识	在教师引导下，能对自己的探究过程、方法和结果进行反思，做出自我评价与调整	能对探究活动进行过程性反思，及时调整，并对探究活动进行总结性评价，完善探究报告

2.3.3　科学态度目标

2.3.3.1　科学态度总目标

（1）对自然现象保持好奇心和探究热情，乐于参加观察、实验、制作、调查等科学活动，并能在活动中克服困难，完成预定的任务。

（2）具有基于证据和推理发表自己见解的意识；乐于倾听不同的意见和理解别人的想法，不迷信权威；实事求是，勇于修正与完善自己的观点。

（3）在科学学习中运用批判性思维大胆质疑，善于从不同角度思考问题，追求创新。

（4）在科学探究活动中主动与他人合作，积极参与交流和讨论，尊重他人的情感和态度。

2.3.3.2　科学态度学段目标（表 2-3）

表 2-3　科学态度学段目标

维度	科学态度学段目标		
	1~2 年级	3~4 年级	5~6 年级
探究兴趣	能在好奇心的驱使下，对常见的动植物和物质的外在特征、生活中的科学现象、自然现象表现出探究兴趣	能在好奇心的驱使下，表现出对现象和事件发生的条件、过程、原因等方面的探究兴趣	表现出对事物的结构、功能、变化及相互关系进行科学探究的兴趣

维度	科学态度学段目标		
	1～2年级	3～4年级	5～6年级
实事求是	能如实讲述事实，当发现事实与自己原有的想法不同时，能尊重事实，养成用事实说话的意识	在科学探究中能以事实为依据，不从众，不轻易相信权威与书本；面对有说服力的证据，能调整自己的观点	在尊重证据的前提下，坚持正确的观点；当多人观察、实验结果出现不一致时，不急于下结论而是分析原因，再次观察、实验，以事实为依据做出判断
追求创新	在教师指导下，能围绕一个主题做出猜测，尝试多角度、多方式认识事物	乐于尝试运用多种材料、多种思路、多样方法完成科学探究，体会创新乐趣	能大胆质疑，从不同视角提出研究思路，采用新的方法利用新的材料，完成探究、设计与制作培养创新精神
合作分享	愿意倾听、分享他人的信息；乐于表达、讲述自己的观点；能按要求进行合作探究学习	能接纳他人的观点，完善自己的探究；能分工协作，进行多人合作的探究学习；乐于为完成探究活动，分享彼此的想法，贡献自己的力量	能接受别人的批评意见，反思、调整自己的探究；在进行多人合作时，愿意沟通交流，综合考虑小组各成员的意见，形成集体的观点

2.3.4 科学、技术、社会与环境目标

2.3.4.1 科学、技术、社会与环境总目标

（1）初步了解所学的科学知识在日常生活中的应用。

（2）初步了解人类活动对自然环境、生活条件及社会变迁的影响；了解社会需求是推动科学技术发展的动力；了解科学技术已成为社会与经济发展的重要推动力量。

（3）初步了解在科学技术的研究与应用中，需要考虑伦理和道德的价值取向、热爱自然，珍爱生命，具有保护环境的意识和社会责任感。

2.3.4.2 科学、技术、社会与环境学段目标（表2-4）

表2-4 科学、技术、社会与环境学段目标

关系	科学、技术、社会与环境学段目标		
	1～2年级	3～4年级	5～6年级
科学技术与日常生活的联系	了解生活中常见的科技产品及其给人类生活带来的便利	了解科学技术对人类生活方式和思维方式的影响	了解科学技术可以减少自然灾害对人类生活的影响；了解在科学研究与技术应用中必须考虑伦理和道德的价值取向

续表2-4

关系	科学、技术、社会与环境学段目标		
	1～2年级	3～4年级	5～6年级
科学技术与社会发展的联系	了解人类可以利用科学技术改造自然，让生活环境不断得到改善	了解并意识到人类对产品不断改进以适应自己不断增加的需求；了解人类的需求是影响科学技术发展的关键因素	了解人类的好奇和社会的需求是科学技术发展的动力，技术的发展和应用影响着社会发展
人类与自然和谐相处	了解人类的生活和生产需要从自然界获取资源，同时会产生废弃物，有些垃圾可以回收利用；珍爱生命，保护身边的动植物，意识到保护环境的重要性	了解人类的生活和生产可能造成对环境的破坏，具有参与环境保护活动的意识，愿意采取行动保护环境、节约资源	认识到人类、动植物、环境的相互影响和相互依存关系，了解地球上的资源是有限的，人类活动会对环境产生正面和负面的影响，自觉采取行动，保护环境

3 当前小学科学教育实施效果调查分析

在本章，作者采用问卷调查法，自编问卷，使用 SPSS17.0、Amos22.0 和 Hayes（2012）编制的 process 插件中的模型 4 进行检验，从教师的自主性、教学环境、学生认知情况三个维度对小学科学教育实施效果进行调查研究。经项目分析、探索性分析和验证性分析，发现问卷质量良好。结果显示，影响小学高年级阶段科学学科的教学效果的原因：第一是教师的自主性；第二是教学环境；第三是学生的认知情况。三个维度的综合作用越好，其教学效果越好；三个维度的综合作用越差，其教学效果越差。

3.1 问题的提出

3.1.1 问题提出的缘由

随着时代的发展，科学技术的发展也日新月异，但不变的是对科学探索和科技创新的那一份态度。❶ 科学的发展，靠的不仅仅是前人留下的丰厚成果，更是后人的不断探索，不断创新。一个不懂得在科学发展这条道路上探索和创新的民族无法立足于世界民族之林，同样，一个缺乏探索和创新精神的国家终究会落后于时代发展的潮流。早在 20 世纪 60 年代（1859 年），斯宾塞在《什么是最有价值的知识》一书中就明确了自己的观点：批判古典教育，重视实用教育。其中他认为科学知识最有价值。而我国虽然在 1995 年提出了科教兴国，把科教兴国作为全面落实科学技术是第一生产力的思想，增强国家的科技实力和民族的文化素质，但是我国科学学科直到 2001 年才制定了《科学课程标准》，科学课程教育改革才在全国范围内展开，从 2001 年到现在的 2020 年短短 19 年间，我国科学学科发展的如何，在小学课程中教师的教学效果如何，学生的学习效果如何，国家的建设情况如何？针对以上问题展开了对小学高年级阶段科学学科的教学效果的研究。

本研究是以小学高年级阶段科学学科的教学效果为切入点，采用自编问卷《小学高年级阶段科学学科的教学效果调查问卷》，从教师的自主性、教学环境、

---

❶ 李炳煌．中小学教育科学研究现状调查报告——以湖南省为例［J］．当代教育论坛，2017（6）：11-17.

学生的认知情况三个方面入手调查小学高年级阶段科学学科的教学效果，从而为今后的科学学科的教学建言献策。

3.1.2　问题提出的意义

3.1.2.1　理论意义

科学知识的价值不仅在于它可以转化为巨大的生产力，还在于它使我们摆脱了严重的迷信和盲目崇拜。毕加索拿起画笔面对这个世界时，他并不想对世界进行写实的摹写，而是选择以创新的立体视角重构这个世界，他因此开创了立体主义。正如艺术，科学的进步也遵循着同样的规则：整个世界展现在我们面前，期待着我们去创造，而不是去重复。创造正是科技进步的巨浪，推动人类的生活滚滚向前。徐特立先生曾经告诉过我们："科学，你是国力的灵魂；同时又是社会发展的标志。"科技发展对于一个国家而言起着至关重要的作用，它是衡量国力的重要标杆。然而科技的创新和发展并非只是一个国家的问题，它还关系到社会的每一个人。所以在当今科学学科就显得至关重要。我们应该关注小学科学学科的建设并加大对科学学科的资金、技术的投入，这不仅仅是单纯的教育问题，更是关乎到国家生产力发展水平的问题。

3.1.2.2　实践意义

对科学教师教学效果的调查报告，实质上就是科学教师的教学反思，而这种教学反思包括对教学实践活动进行反思，对教师的个人经验进行反思，对教学中的各类关系进行反思，对教学理论进行反思以及反思后的专业发展规划的能力。❶ 如果科学教师能完成以上情况的反思，那么就能更好地促进教学，让教师在提高自身素质的同时向更加专业化的方向发展。在原有讲课风格的基础上做出适应学生认知发展提高的转变，改变传统教学思维，促进教学创新。同时教学反思能促进教师积极主动的探讨教学问题，形成自己的个性化教学。在反思的同时教师也要注意不要让这种反思流于形式，要在反思中"改进""创新""自我"。❷ 以此在今后的教学过程中更好地为教育教学服务。

3.2　当前研究与存在不足

本研究主要涉及"小学高年级阶段""科学学科""教学效果"三个方面，

---

❶ 张海珠、陈花，李金亭．"互联网+"时代乡村教师教学反思能力检核模型的构建［J］．河南师范大学学报（哲学社会科学版），2020，47（2）：143-150.

❷ 卜文彬．教学反思——提高教师自身素质的有效途径［J］．教育革新，2019（12）：7-8.

围绕研究主题小学高年级阶段科学学科的教学效果，通过文献资料的收集、整理和分析，梳理当前小学高年级阶段科学学科的教学效果的现状，最后分析当前小学高年级阶段科学学科的教学效果研究存在的不足。

3.2.1 有关"小学高年级阶段"的研究

由于现代化社会的快节奏和竞争，生活日新月异的发生变化，小学生周边的一切也急剧的变化，所以在小学生高年级阶段的生活中，教师要注意以下几个因素。教师首先应该在课堂上尽可能地采用生动活泼的方式方法，引导学生的积极情绪，调动学生学习的积极性和主动性。其次要注意学法指导，培养学生自主学习和自我评价的能力。同时鼓励学生大胆质疑，培养学生的创新意识，在课堂上，教师可以根据教学内容鼓励学生大胆质疑问题，让每个同学都带着问题来学习，无论其结果正确与否，教师首先应该从培养学生创新思维的角度给予肯定和鼓励。学生在整个学习过程中会遇到一系列的阻碍，这时教师除了在技术上给予帮助外，还要在思想上引导教育，学生遇到问题要勇敢面对，勇于挑战，如一道题解不出来，我们先不要急于帮他找到答案，应当鼓励他再想一想，培养学生的自信心和耐挫力。同时小学高年级学生一般指小学四至六年级，此阶段正处于儿童期向青春期过渡的关键时刻，处于心理发展的骤变期，自我意识、独立意识明显增强，成长中面临各种人生课题而产生的烦恼和焦虑也随年龄的增长而增多，学业压力、同伴关系、亲子关系、师生关系、自我概念等都给小学高年级的学生带来很多烦恼。在学习方面，他们不再唯老师之命是听，对老师的教育时违时从，对枯燥的说教和单一陈旧的训练方式都不感兴趣，他们的注意力也比较难于集中到学习上来，这个时期，学生的学业负担加重，学生升到高年级后，学习负担比低年级重。语文、数学的作业相对增多，而对英语学习的要求也比以前高，要求听说读写背等，所以此阶段的学生对科学学科的学习时间，付出的精力都会相对减少。此时，教师要在理解学生的基础上，利用学生要求独立的心理特点，给他们做事的机会，帮他们成功，以此调动学生关心班级为班级作贡献的主动性和积极性。

3.2.2 有关"科学学科"的研究

不同历史时期的不同阶段对于科学的理解都被赋予不同的含义。古希腊思想家亚里士多德对科学的理解是，科学更是一种研究形式，是一种从观察上升到一般原理，然后再返回到观察的活动，科学的重要功能在于解释，科学解释就是关于某事实的知识过渡到这个事实的原因的知识；英国博物学家赫胥黎对科学的理解是，真正的科学都是从经验开始的，但是所有的科学都力求超越这个经验阶段，进入从经验中演绎出更普遍的真理的阶段；英国教育学家杜威对科学的理解是在广义的人文意义上，科学是一种手段和工具，在思维过程的意义上，科学是一种方法，在思维的结果上，科学是一种知识体系；美国社会学家巴博认为，科学是人类那些根深蒂固的理性运用于经验领域的过程，随着非经验领域不断转化为经验领域，科学研究的对象与范围也在不断扩展；前苏联科学家拉契科夫认为，科学是关于现实本质联系的客观真知的动态体系。这些客观真知是通过特殊的社会活动而获得和发展起来的，并且由于其应用而转化为社会的直接实践力量；美国科学教育学者古德认为，科学是动态的"求知过程"与静态的"知识体系"的总和，科学求职过程则分为前期与后期，前期是创造与发展新想法的阶段，后期是提出假说与验证的阶段。美国路易斯安那州欧文滕法官对科学的理解是，决定什么是科学时，必须用以下判断标准：（1）科学是自然法则指引的；（2）科学必须参考自然法则得以解释；（3）科学必须在实证世界中是可以验证的；（4）科学是常识性的；（5）科学是可能发生错误的。20世纪70年代末，小学科学教材称为《自然常识》，以教授科学知识为主。到了80年代初，小学科学教材改称为《自然》，以探究性学习活动为主，在当时引起了巨大反响。直到2001年我国制定了《科学课程标准》，科学课程教育改革在全国范围内展开，《科学》的学习才引起重视，2017年版《义务教育小学科学课程标准》规定，自2017年9月起小学一年级将开设一门新的基础课程——科学课。《义务教育小学科学课程标准》与《3~6岁儿童学习与发展指南》均参照皮亚杰认知发展理论"感知运动阶段（0~2岁）、前运算阶段（2~7岁）、具体运算阶段（7~11岁）、形式运算阶段（11~15岁）"所设计的相互衔接的课程标准。随着时代对教育的需求不断发展，世界各国都在进行科学探究，目的是使学生们处于开放、自由的教学环境之中，赋予学生们全新的自由学习体验课，设科学探究课也变成一种国际课程的热潮，现如今，我国的科学课程改革也强调要转变学习方式，将科学探究设置为科学课程的重要环节之一，让其真正应用到科学课堂之中，这也体现了我国的课程改革的方向与世界课程改革相符合。

3.2.3 有关"评价"和"教学效果"的研究

广义的评价是一种普遍的人类活动，在日常生活中，人们经常根据某一价值体系来评估活动或事件的价值，狭义的评价是指针对某一具体领域，如课程教学产品等，不管是针对哪种对象的评价，其共同特征都是对事物的价值做出评定。美国评价标准联合委员会发表的评价定义是，对某些对象的价值和优缺点的系统调查，教学评价有诊断功能、激励功能、调控功能、教学功能和导向功能，按照不同的分类标准，教学评价可以分为不同的评价类型。根据评价基准的不同可以分为相对性评价、绝对性评价和个体内差异评价；按照评价功能的不同，教学评价可分为诊断性评价、形成性评价和总结性评价；根据评价范围可分为整体评价、局部评价和个体评价；根据评价分析方法的不同，教学评价可分为定性评价和定量评价。

教学效果评价一般包括教学过程和教学结果的评价，从知识和技能过程和方法以及情感态度和价值观三个维度对学生的投入程度以及教学目标的达成情况进行评价，前者主要描述教学的过程性状态，后者则主要描述教学的结果。教学效果评价是指在系统的科学的收集整理和分析课堂教学信息的基础上，对课堂教学实现的价值做出客观判断的过程，目的在于促进课堂教学改革，提升课堂教学质量。课堂教学效果的评价是指对教学活动结果的评价，它考察的是学生在教学活动过程中产生的进步与发展。

3.2.4　已有研究的不足

当前对于小学高年级阶段科学学科的教学效果研究，既有理论层面的定性研究，也有实证层面的定量研究，并且以应用层面的研究居多，研究对象较为笼统。

第一，当前对于小学科学学科的教学研究，大多数停留在课堂中使用何种教学方法，应该怎样做科学实验，科学实验的重要性以及科学实验的应用。但是这种教学方法，这种科学实验，这种实验应用在教学过程中的作用和对小学生课堂听课的效果如何呢？到底应不应该继续使用呢？例如在《基于 STEM 理念的小学科学低段教学研究》这一论文中"所谓的 STEM 就是科学、技术、工程、数学四门学科英文首字母的缩写，STEM 教育模式是跨学科学习，是基于跨学科意识，运用两种或两种以上的学科观念以及跨学科观念，解决真实问题的课程与学习取向。"❶ 这种先进的教育理念是我们应该值得称赞的，但是不可否认的是：第一，小学科学教师的专业水平有限，能否真正掌握 STEM 教育理念还是一个有待解决的问题；第二，即使教师掌握了 STEM 这一教育理念，但是能否根据教学内容在 45 分钟内有效地讲出，并让学生接受还是一个有待解决的问题；第三，STEM 这种教育理念没有在小学教学中广泛进行应用，所以这种方法到底能否被学生接受，能否有效提高学生的认知还是一个有待考察的问题。所以就当前研究来说，目前对于课堂教学效果和教学反思的还不够，这也是本调查报告需要重点研究的地方。

第二，目前虽然有研究涉及中小学教育科学研究现状，但是缺乏整体的研

---

❶ 潘琼娜．基于 STEM 理念的小学科学低段教学研究［J］．科学咨询（科技·管理），2020（8）：292-293.

究、系统的研究、细节的研究，并且浅尝辄止，没有深入挖掘，呈现分散化和零散化状态。❶ 例如在《小学科学教学现状及其影响因素研究》这一论文中，第一部分作者先从小学科学教学现状及影响因素入手，在小学科学教学现状及影响因素中，作者第一点首先从客观因素教学设备不足，教学资源较差出发；第二点又写了班级学生过多，教学质量较差；第三点描述了专业能力不足，影响教学质量。对于课堂教学质量评价的概念，谭美瑶（2018）学者认为课堂教学评价是收集教师的教和学生的学，以及课堂教学质量的结果，对课堂教学进行价值判断的过程。孙微（2018）学者认为课堂教学质量的评价需要充分发挥教师的主导性和学生的主体性。李明（2009）认为学生的成绩不能简单作为评价课堂教学质量的依据，课堂教学质量评价和教师评价在评价目的和评价方法上有一定的区别。❷ 所以从概念上和语义上第二点中的教学质量较差又与第三点中的描述教师的不足，教学质量较差有相重复的嫌疑。文章内容，语言措辞，缺乏整体细致的研究。接下来第二部分作者从小学科学教学策略叙述，其中第一点针对客观教学环境，后三点针对教师能力的培养，从整体上看，这种研究缺乏系统和细节的描写，没有从学生、学校、政府等其他主体出发进行研究，各种信息呈现碎片化和零散化的状态。所以本篇调查报告将从教师、学生、学校、国家多个主体进行研究，同时再以教师和学生为主体研究对象的同时，也要保证每一个主体的每一个层次和方面都要兼顾，理清文章脉络，进行系统科学的调查。

第三，研究的主体主要针对教师展开，例如教师的教学方法、专业能力、对学生兴趣的引导等，但是研究学生的非常少，并且研究层面较浅。在素质教育的今天，教师在课堂中应该以学生为主体，重点研究学生的生理心理状态、学生对老师教学方法的适应度、学生对课堂的评价等，例如在《如何提高小学科学教学的实效性》这一论文中，作者首先从教学观念落后，教学方法单一，教学资源缺乏等以教师为主导，以客观环境为辅进行现状的描述，接着作者从转变教学观念，强调学生主体地位；合理采用多样化的教学方法；重视资源运用，提高教学实效；运用多样化的教学评价方法来论述如何提高小学科学教学的实效性，研究学生的层面只是某一点中的只言片语，无法体现出学生主体的重要地位，没有研究学生的教学不是好的教学。所以本篇调查报告首先运用访谈法了解学生对科学学科的想法，接着对家长和教师都进行了访谈，从多主体详细的进行询问，从而编制了《小学高年级阶段科学学科的教学效果》评价调

❶ 阎如田. 小学科学教学现状及其影响因素研究［J］. 科学咨询（教育科研），2020（3）：97.
❷ 赵彩丽. 应用型本科课堂教学质量评价现状与对策研究［D］. 石家庄：河北师范大学，2020：10.

查问卷，接着将重点研究学生的认知方面，从教师和学生两个主体出发研究教学过程中存在的问题。

鉴于上述认识，所以在本书中，针对小学高年级阶段科学学科的教学效果，第一，明确某种教学方法、科学实验、实验应用在教学过程中对学生的效果怎么样，到底适不适合继续在教学中使用；第二，明确研究的学生是小学高年级阶段，从整体入手、从系统入手、从细节入手，综合研究小学高年级阶段科学学科的教学效果；第三，明确从教师和学生双主体进行研究，从而让学生更好地融进课堂的氛围，提高学习的积极性；老师能第一时间知道学生的见解，进而更有针对性地进行指导，这样在教师积极引导、精心组织和学生独立自主、积极创造的综合作用下创设愉悦和谐的课堂，进而实现素质教育的目标。

3.3　研究假设

假设教师的自主性、教学环境、学生的认知情况这三个因素影响小学高年级阶段科学学科的教学效果，那么在这三个因素的共同作用下，所得总分越低，则教学效果越差；在这三个因素的共同作用下所得总分越高，则教学效果越好。

3.4　研究思路和方法

3.4.1　研究思路

本调查从小学科学教师的教学效果为出发点，从教师的自主性、教学环境、学生的认知情况出发，围绕"小学高年级阶段科学学科的教学效果评价"这一主题开展研究。调查教师的课堂表现力、教学现状以及学生的满意程度，分析教师在科学教学中出现的教学问题对学生学业成绩及课堂表现的影响，探讨出现这些问题的原因的根源在哪，最后从相应主体提出相关举措以此提高小学高年级阶段科学学科的教学效果。具体包括以下环节：

首先，查阅小学高年级、科学学科、教学效果评价相关的文献资料明确这些名词发展的历程并进行整理，以此把握小学高年级阶段科学学科的教学效果评价的研究现状，确定研究的主题是科学学科的教学效果评价，然后，确定研究对象为小学高年级阶段，编制研究工具，制定研究计划，通过向学生、学生家长、科学教师进行访谈了解学生的学习效果和老师的教学效果，分析教学过程中出现的问题及原因；利用自编问卷进行调查，使用 SPSS17.0、Amos22.0 和 Hayes（2012）编制的 process 插件中的模型 4 进行检验和分析，最后通过该研究对小学高年级阶段科学学科的教学问题提出相关的举措。具体研究思路和分析框架如图3-1 所示。

```
┌──────────────┐   ┌──────────────┐   ┌──────────────┐
│  关注教学问题  │   │  查找相关文献  │   │  阅读相关著作  │
└──────┬───────┘   └──────┬───────┘   └──────┬───────┘
       └──────────────────┼──────────────────┘
┌─────────────────────────┴────────────────────────────┐
│ 确定研究主题: 小学高年级阶段科学学科教学效果评价的调查报告 │
└─────────────────────────┬────────────────────────────┘
   ┌─────────┐  ┌───────────┐  ┌───────────┐  ┌───────────┐
   │ 文献综述 │  │ 确定研究对象│  │ 编制调查问卷│  │ 制定调查计划│
   └────┬────┘  └─────┬─────┘  └─────┬─────┘  └─────┬─────┘
                      └──────┬───────┘
                      ┌──────┴──────┐
                      │   展开调研   │
                      └──────┬──────┘
          ┌────────────────┐  ┌────────────────┐
          │ 分析问卷数据结果 │  │ 分析结果产生原因 │
          └────────┬───────┘  └───────┬────────┘
                       ┌──────┴──────┐
                       │ 确定实施举措 │
                       └─────────────┘
```

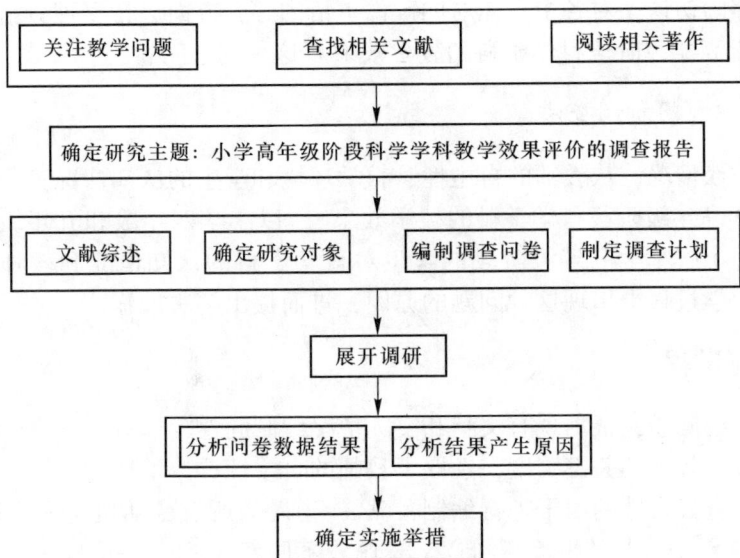

图 3-1　具体研究思路和分析框架

3.4.2　研究方法

3.4.2.1　文献法

本研究查询文献的方式是以"小学""小学科学""教学效果""教学效果评价"等关键词进行排列组合，在中国学术期刊全文数据库（CNKI）教育与社会科学类和 ProQuest 博硕论文全文库（PQDD）查找与本研究相关的文献，同时通过已有文献中引用的参考文献为线索，进行逆向查找，最后梳理所有文献与我所研究的主题的共性和差异。同时通过阅读何克抗老师第 2 版的教学系统设计查找学习者特征分析、典型的协作学习策略、学习环境设计以及评价、教学评价、教学评价分类标准等专业名词解释，对相应专业词汇和理论进行学习与整理，最后理清"小学高年级阶段""科学学科""教学效果评价"这些专有名词的脉络。

3.4.2.2　访谈法

对笔者周围的学生、教师、学生家长进行访谈，访谈的内容主要围绕教师的自主性，教学环境，学生的认知情况这三个方面展开。对学生的访谈主要围绕学生对教材上某些科学知识的掌握、对教师教学效果的满意程度、家庭经济状况、对科学课堂有哪些建议和期望等问题；对教师的访谈主要围绕教师在课前、教学过程中以及课后做了哪些准备、教学现状、影响学生科学学习效果的因素，是否对学生进行过家访了解每位同学的家庭情况；对学生家长的访谈主要围绕学生家长的家庭经济状况、学生在家对科学学科的复习状况等几个方面展开。通过对以上几个主体的访谈，对各个主体对同一件事情的感受方面进行整理分析，最后编制出《小学高年级阶段科学学科的教学效果》这一调查问卷。

3.4.2.3　问卷调查法

根据访谈情况，从教师的自主性、教学环境和学生的认知情况三个维度自编问卷《小学高年级阶段科学学科的教学效果》，以小学四年级和五年级的学生为调查对象，了解小学高年级阶段的学生对科学学科的认知情况和教师的教学效果，分析教学过程中出现这种问题的原因，进而提出解决措施。

3.5　研究过程

采取自编问卷，根据现有文献和实际情况编制问卷，针对小学高年级阶段科学学科的教学效果的关键维度，选取了教师的自主性、教学环境和学生的认知情况这3个具有代表性的因子进行编制，共34道题，所有题随机排列，采用 Liker 自评式5点量法，从"非常不同意""比较不同意"到"一般同意""比较同意""非常同意"依次记为1~5分，得分越低说明小学高年级阶段科学学科的教学效果越差，得分越高说明小学高年级阶段科学学科的教学效果越好。

3.5.1　T检验

使用T检验对问卷每道题进行区分度计算，将数据的前、后27%作为高分组和低分组检验区分度，经计算总分，高低分组（高分组>29，低分组<107）和独立样本T检验，结果（见表3-1）所有题项 p 值均<0.05，均通过了高低分组的显著性检验。

表3-1　小学高年级阶段科学学科的教学效果问卷项目分析高低分组 T 检验结果

题项	t	题项	t	题项	t	题项	t	题项	t
B1	7.897***	B8	15.266***	B15	7.367***	B22	6.298***	B29	9.096***
B2	7.422***	B9	11.419***	B16	3.989***	B23	4.048***	B30	6.239***
B3	6.051***	B10	5.919***	B17	7.237***	B24	9.262***	B31	7.497***
B4	7.376***	B11	10.953***	B18	9.092***	B25	11.166***	B32	6.929***
B5	9.357***	B12	5.447**	B19	7.398***	B26	4.090***	B33	8.781***
B6	6.961***	B13	7.220***	B20	11.077***	B27	6.269***	B34	10.481***
B7	7.941***	B14	9.650***	B21	9.705***	B28	5.631***		

注：*$p<0.05$，**$p<0.01$，***$p<0.001$，下同。

3.5.2　题总相关

34个题目与总分做题总相关，某题得分与总分的相关越高，证明该题与总分的同质性越高；某题与总分的相关越低，则该题与总分的同质性越低。如果该题与总分的同质性<0.4，则予以删除。据表 3-2 所示，各题的相关系数在 0.435～0.773 之间，符合同质性标准，不必删除题目。

表 3-2　小学高年级阶段科学学科的教学效果问卷题总相关

题项	r 值	题项	r 值	题项	r 值	题项	r 值	题项	r 值
B1	0.577	B8	0.705	B15	0.773	B22	0.629	B29	0.641
B2	0.443	B9	0.647	B16	0.554	B23	0.508	B30	0.497
B3	0.435	B10	0.521	B17	0.688	B24	0.676	B31	0.517
B4	0.527	B11	0.620	B18	0.699	B25	0.722	B32	0.627
B5	0.562	B12	0.518	B19	0.715	B26	0.470	B33	0.761
B6	0.438	B13	0.710	B20	0.681	B27	0.558	B34	0.748
B7	0.560	B14	0.741	B21	0.653	B28	0.568		

3.5.3　信度检验

对 34 道题进行信度检验，标准化 α 系数为 0.839，每个题目删除后都没有高于先前的系数 0.839，说明这 34 道题具有良好的内部一致性。

3.5.4　探索性因素分析

将问卷的 34 道题进行 KMO 和 Bartlett 球形检验。KMO 值为 0.868，Bartlett 球形检验 $\chi^2 = 2981.291$（df=561，Sig. =0.000），极其显著，说明项目间的关系极佳，非常适合因素分析。采用主成分分析法，进行方差最大性正交旋转，剔除因子负荷小于 0.4 和双重负荷因子的项目后得到 34 个题目。经因子分析，提取特征值大于 1 的因素 7 个。4 个因素共可解释的总变异量为 68.062%，根据因素所包含的项目含义，维度一是教师的自主性（B1～B5）；维度二是教学环境（B6～B11）；维度三是学生的认知情况（B11～B34）；共保留 34 道题（见表 3-3）。

表 3-3　小学高年级阶段科学学科的教学效果问卷因素负荷量和共同性

问卷因素负荷量和共同性	因素负荷量	共同性
B1 你们科学老师在课堂上自己做实验的次数多吗	0.563	0.469
B2 你们科学老师在课堂上播放仿真实验的次数多吗	0.658	0.328
B3 科学老师课堂一直只用语言自己讲没有实验或视频情况多吗	0.590	0.276
B4 你们科学老师布置课后需要你们自己动手操作的实验多吗	0.513	0.414
B5 你们科学老师在课堂上让你们讨论的次数多吗	0.553	0.372
B6 你喜欢科学教科书和别的班级共同使用吗	0.650	0.275
B7 如果你自己有一本科学教科书课后你会翻看吗	0.616	0.308

问卷因素负荷量和共同性	因素负荷量	共同性
B8 你们班级在学校的实验室里上科学课的次数多吗	0.668	0.545
B9 你们班级到校外的地方上科学课的次数多吗	0.612	0.500
B10 你们科学课作业多吗	0.492	0.298
B11 你们每学期期末科学课和语文数学一样有考试吗	0.572	0.350
B12 你知道动物植物细菌等生物的特征吗	0.557	0.348
B13 你知道动物植物细菌等和空气水土壤等的区别吗	0.750	0.386
B14 你知道鱼类爬行类鸟类的区别吗	0.769	0.420
B15 你知道所有爬行类动物的共同特征吗	0.794	0.429
B16 你知道我国的珍稀动物都有哪些吗	0.578	0.306
B17 你知道所有树的共同特征吗	0.702	0.271
B18 你知道树草等植物和人类生活有关吗	0.709	0.295
B19 你知道植物一般由根茎叶花果实和种子组成吗	0.746	0.226
B20 你知道植物根茎叶花果实和种子能帮助植物维持自身生存吗	0.663	0.213
B21 你知道植物是从种子发芽到长出幼苗再到开花结出果实和种子的过程吗	0.654	0.279
B22 你知道生活在沙漠里和生活在土壤中植物的叶子有什么不同吗	0.660	0.282
B23 你知道水里的鱼类是通过鳍鳃等接触和感知水里的环境吗	0.553	0.209
B24 你知道青蛙和熊等动物为什么冬眠吗	0.687	0.257
B25 你知道人体用于呼吸的器官是什么吗	0.719	0.305
B26 你知道人类通过哪些器官摄取养分吗	0.496	0.246
B27 你知道用什么方法保护自己的呼吸器官吗	0.542	0.268
B28 你知道动物和植物从生到死的生命过程吗	0.601	0.258
B29 你知道有的植物通过种子来繁殖后代有的是通过根茎叶吗	0.659	0.212
B30 你知道胎生和卵生动物繁殖后代方式的不同之处吗	0.498	0.320
B31 你知道空气水温度和食物对动物植物的生存有影响吗	0.554	0.326
B32 你知道喜鹊是在树上筑巢的说法吗	0.651	0.415
B33 你知道蜜蜂帮助植物传播花粉吗	0.788	0.464
B34 你知道工厂排出的烟对植物的生长有影响吗	0.764	0.470

注：共同性>0.2，因素负荷量>0.45 为合格。

3.5.5　问卷人口学资料

加上性别、年级、成绩、家庭所在地、学校所在地、成绩在班级排名等人口学变量，全问卷共 46 道题，选取四五年级的 263 名小学生作为研究对象，收回有效问卷 249 份，有效回收率 94.7%，问卷人口学资料见表 3-4。

表 3-4   正式问卷人口学资料

性别	年级	学校所在地	家庭所在地	成绩在班级排名	科学课堂记录如何
男	四年级	县市	县市	班级前面	非常好
（$n=142$）	（$n=115$）	（$n=96$）	（$n=89$）	（$n=33$）	（$n=76$）
女	五年级	乡镇	乡镇	上中等	比较好
（$n=107$）	（$n=134$）	（$n=145$）	（$n=58$）	（$n=65$）	（$n=68$）
		村屯	村屯	中等	一般
		（$n=8$）	（$n=102$）	（$n=110$）	（$n=80$）
				中下等	不太好
				（$n=24$）	（$n=21$）
				比较靠后	非常差
				（$n=17$）	（$n=4$）
科学教师学历	科学教师所学专业	科学教师年龄	科学教师性别	科学教师家庭住址	科学教师进入教学系统前毕业学校
本科	中文系	40 岁	男	县市	牡丹江师范学院
（$n=33$）	（$n=79$）	（$n=83$）	（$n=194$）	（$n=28$）	（$n=249$）
大专	历史系	47 岁	女	乡镇	
（$n=216$）	（$n=118$）	（$n=111$）	（$n=55$）	（$n=221$）	
	法律系	49 岁			
	（$n=52$）	（$n=55$）			

3.5.6   问卷信度

小学高年级阶段科学学科的教学效果问卷信度检验见表 3-5。

表 3-5   小学高年级阶段科学学科的教学效果问卷信度检验

项目	总体问卷	因子一	因子二	因子三
题项数	34	5	6	23
信度分析	0.897	0.871	0.862	0.855

注：因子一为教师的自主性；因子二为教学环境；因子三为学生的认知情况。

从表 3-5 可以看出，影响小学高年级阶段科学学科的教学效果的因素分析问卷三个因素的内部一致性 0.855～0.871 之间，总问卷内部一致性系数为 0.897，说明本问卷具有较好信度。

3.5.7   验证性因素分析

小学高年级阶段科学学科的教学效果问卷拟合系数见表 3-6。

表 3-6　小学高年级阶段科学学科的教学效果问卷拟合系数

指标	χ^2	df	χ^2/df	GFI	RFI	NFI	CFI	TLI	RMSEA
测量模型指标	792.707	515	1.539	0.902	0.913	0.908	0.931	0.920	0.038
拟合度指标			<3	>0.9	>0.9	>0.9	>0.9	>0.9	<0.05

由表 3-6 可知，χ^2/df 的值为 1.539，小于 3，适配理想；RMSEA 为 0.038，小于 0.05，适配理想；GFI 为 0.902，大于 0.9，结果适配良好；RFI 为 0.913，大于 0.9，结果适配良好；NFI 为 0.908，大于 0.9，结果适配良好；CFI 为 0.931，大于 0.9，结果适配良好；TLI 为 0.920，大于 0.9，结果适配良好；综合来看，教师的自主性，教学环境，学生的认知情况整体的模型适配良好。

小学高年级阶段科学学科的教学效果问卷区分效度见表 3-7。

表 3-7　小学高年级阶段科学学科的教学效果问卷区分效度

项目	因子三	因子二	因子一
因子三	0.727		
因子二	0.464 * * *	0.769	
因子一	0.413 * * *	0.402 * * *	0.745

注：* 表示 $p<0.05$，* * 表示 $p<0.01$，* * * 表示 $p<0.001$；因子一为教师的自主性，因子二为教学环境，因子三为学生的认知情况；对角线为 AVE 平均方差变异抽取量。

由表 3-7 可知，教师的自主性，教学环境，学生的认知情况之间均具有显著的相关性（$p<0.01$），另外相关性系数绝对值且均小于所对应的 AVE 的平方根，即说明各个潜变量之间具有一定的相关性，且彼此之间又具有一定的区分度，即说明量表数据的区分效度理想。

小学高年级阶段科学学科的教学效果区分效度模型检验见表 3-8。

表 3-8　小学高年级阶段科学学科的教学效果区分效度模型检验

编号	模型	χ^2	Df	χ^2/df	NFI	CFI	RMSEA	模型比较	$\Delta\chi^2$	Δdf
1	原模型	792.707	515	1.539	0.908	0.931	0.038			
2	二因子模型一	2686.979	520	5.017	0.638	0.653	0.172	2VS1	1894 * * *	5
3	二因子模型二	2657.064	520	5.110	0.643	0.658	0.171	3VS1	1865 * * *	5
4	二因子模型三	2642.326	520	5.081	0.645	0.661	0.170	4VS1	1850 * * *	5
5	单因子模型	3310.270	521	6.354	0.532	0.544	0.197	5VS1	2518 * * *	6
	指　标			<3	>0.90	>0.90	<0.05			

注：* $p<0.05$，* * $p<0.01$，* * * $p<0.001$. 二因子模型一：因子1+因子2，因子3；二因子模型二：因子1+因子3，因子2；二因子模型三：因子2+因子3，因子1；单因子模型：因子1+因子2+因子3。

由表 3-8 可知，其他模型与原模型相比，各项拟合指标均有显著下降，说明原模型具有较高的区分效度。采用 Amos 软件进行测量模型和单因子验证性因子分析进行比较。测量模型指标：$\chi^2/df = 1.539$，$NFI = 0.908$，$RMSEA = 0.038$。单因子模型拟合度指标：$\chi^2/df = 6.534$，$NFI = 0.532$，$RMSEA = 0.197$。两个指标相比较，单因子模型验证性分析指标下降很多，拟合度较差，证明不存在严重的共同方法偏差。

3.5.8 各变量的描述性

全问卷共 46 道题，选取四五年级的 263 名小学生作为研究对象，收回有效问卷 249 份，有效回收率 94.7%。

3.5.8.1 样本人口学信息描述统计

此次研究样本人口学信息统计见表 3-9。此次研究共获得有效样本 249 例，其中男生 142 人，女生 107 人；四年级 115 人，五年 134 人；样本学校所在地按县市、乡镇、村屯 3 个类别划分，共取得县市学校样本 96 人，乡镇学校样本 145 人，村屯学校样本 8 人，样本主要集中在乡镇学校，显示学校次之，村屯学校覆盖率最低；家庭所在地按县市、乡镇、村屯划分，其中，家庭所在地为县市 89 人、乡镇 58 人、村屯 102 人。由上述数据可知，家住村屯的学生有 92.2% 在乡镇小学上学，这也导致部分学生小学开始住校或在乡镇租住上学，不具备家长陪伴完成课后任务的条件；科学课堂记录情况非常好，占 30.5%；比较好，占 27.3%；一般占 32.1%；不太好占 8.4%；非常差占 1.6%。成绩在班级排名情况，在班级前面占 13.3%；中上等占 26.1%；中等占 44.2%；中下等占 9.6%；比较靠后占 6.8%。

表 3-9 样本人口学信息统计表

项目	选项	频数	百分比/%
性别	男生	142	57.0
	女生	107	43.0
年级	四年级	115	46.2
	五年级	134	53.8
学校所在地	县市	96	38.6
	乡镇	145	58.2
	村屯	8	3.2

续表 3-9

项目	选项	频数	百分比/%
家庭所在地	县市	89	35.7
	乡镇	58	23.3
	村屯	102	41.0
科学课堂记录如何	非常好	76	30.5
	比较好	68	27.3
	一般	80	32.1
	不太好	21	8.4
	非常差	4	1.6
成绩在班级排名	班级前面	33	13.3
	上中等	65	26.1
	中等	110	44.2
	中下等	24	9.6
	比较靠后	17	6.8

3.5.8.2　教学变量选择及其描述统计

教学实施情况从教师教学媒体运用情况和教学方法两个方面设计了 5 个变量，数据情况见表 3-10。

表 3-10　教学实施情况描述

变量类型	变量名称		选项	频率	百分比/%	有效百分比/%	累积百分比/%
教学媒体运用情况	B1 你们科学老师在课堂上自己做实验的次数多吗	有效	从来没有	43	17.3	17.3	17.3
			比较少	51	20.5	20.5	37.8
			一般	46	18.5	18.5	56.2
			比较多	62	24.9	24.9	81.1
			非常多	47	18.9	18.9	100.0
			合计	249	100.0	100.0	
	B2 你们科学老师在课堂上播放仿真实验的次数多吗	有效	从来没有	25	10.0	10.0	10.0
			比较少	51	20.5	20.5	30.5
			一般	61	24.5	24.5	55.0
			比较多	47	18.9	18.9	73.9
			非常多	65	26.1	26.1	100.0
			合计	249	100.0	100.0	

变量类型	变量名称		选项	频率	百分比/%	有效百分比/%	累积百分比/%
教学媒体运用情况	B3 科学老师课堂一直只用语言自己讲没有实验或视频情况多吗	有效	从来没有	23	9.2	9.2	9.2
			比较少	52	20.9	20.9	30.1
			一般	54	21.7	21.7	51.8
			比较多	59	23.7	23.7	75.5
			非常多	61	24.5	24.5	100.0
			合计	249	100.0	100.0	
教学方法	B4 你们科学老师布置课后需要你们自己动手操作的实验多吗	有效	从来没有	27	10.8	10.8	10.8
			比较少	65	26.1	26.1	36.9
			一般	37	14.9	14.9	51.8
			比较多	54	21.7	21.7	73.5
			非常多	66	26.5	26.5	100.0
			合计	249	100.0	100.0	
	B5 你们科学老师在课堂上让你们讨论的次数多吗	有效	从来没有	32	12.9	12.9	12.9
			比较少	86	34.5	34.5	47.4
			一般	56	22.5	22.5	69.9
			比较多	51	20.5	20.5	90.4
			非常多	24	9.6	9.6	100.0
			合计	249	100.0	100.0	

从数据上看，教师在课堂开展演示实验情况从来没有占 17.3%，比较少占 20.5%，一般占 18.51%，比较多占 24.9%，非常多占 18.9%；教师在课堂上播放仿真实验的次数从来没有占 10%，比较少占 20.5%，一般占 24.5%，比较多占 18.9%，非常多占 26.1%；在科学课堂上教师不使用任何现代媒体单纯用语言讲授情况从来没有占 9.2%，比较少占 20.9%，一般占 21.7%，比较多占 23.7%，非常多占 24.5%。

教学方法上，教师在课堂上组织学生讨论探究的次数从来没有占 12.9%，比较少占 34.5%，一般占 22.5%，比较多占 20.5%，从来没有占 9.6%；教师利用课后组织学生开展实验的情况从来没有占 10.8%，比较少占 26.1%，一般占 14.9%，比较多占 21.7%，非常多占 26.5%。

　　从表3-11所示均值上看，教师课堂演示实验均值3.08，大于2.5，说明教师课堂演示实验开展情况高于预期平均值，同时还有提升空间。仿真实验视频在课堂上运用均值3.31，大于教师演示实验，说明运用频次比演示实验高，从信息技术角度分析，仿真实验视频的获取技术比演示实验信息特性更强，对教师的信息技术能力要求更高。在科学课堂上教师不使用任何现代媒体单纯用语言讲授均值3.33，高于平均预期，说明在科学课上仍然有一部分教师习惯使用传统授课方式，不使用或很少使用新媒体技术辅助教学。科学老师布置课后动手操作的实验项的均值为3.27，说明教师利用课余时间指导学生进行拓展性实验情况高于预期平均值，但是仍然有提升空间。科学课堂组织学生讨论次数均值为2.8，略高于预期平均值，说明教师在课堂上采用探究式教学的程度为达到预期，有很大的提升空间。

表 3-11　教学实施均值

变　量　名　称	N	极小值	极大值	均值	标准差
B1 你们科学老师在课堂上自己做实验的次数多吗	249	1	5	3.08	1.379
B2 你们科学老师在课堂上播放仿真实验的次数多吗	249	1	5	3.31	1.324
B3 科学老师课堂一直只用语言自己讲没有实验或视频情况多吗	249	1	5	3.33	1.300
B4 你们科学老师布置课后需要你们自己动手操作的实验多吗	249	1	5	3.27	1.381
B5 你们科学老师在课堂上让你们讨论的次数多吗	249	1	5	2.80	1.189

　　从教学实施情况整体数据看，目前科学课教师在课堂教学过程中，具备能够使用视频等现代技术辅助教学的能力，但是使用程度不高。演示实验在小学科学课堂教学中仍然占有较为重要的地位，是小学科学课堂必不可少的一项教学手段。小学科学教师的教学方法有待提高，探究式教学在日常授课中使用较少，仍然以传统教学模式为主。

　　针对小学高年级阶段科学学科的教学效果的关键维度，选取了教师的自主性、教学环境、学生的认知情况这3个具有代表性的因子进行编制，共34道题，所有题随机排列，采用 Liker 自评式5点量法，从"非常不同意""比较不同意"到"一般同意""比较同意""非常同意"依次记为1~5分，得分越低说明小学高年级阶段科学学科的教学效果越差，得分越高说明小学高年级阶段科学学科的教学效果越好。

　　本研究描述性指标及相关结果表明（见表3-12）：教师的自主性和学生的认知、客观教学环境呈显著正相关。客观教学环境和学生的认知也呈显著正相关。

表3-12   各变量描述统计、相关分析结果

指标	M	SD	教师自主性	客观教学环境	学生的认知
教师自主性	15.78	5.16	1		
客观教学环境	18.45	6.66	0.582**	1	
学生的认知	58.34	14.34	0.613**	0.601**	1

注：**$p<0.01$，M为平均数，SD为标准差，所有数值保留两位小数。

3.5.9   教师的自主性对学生认知的影响：中介模型检验

教师的教学效果通过学生的认知所表现出来，所以要想知道教师的教学效果如何，只需知道学生的认知情况如何。因此本书构建了如图3-2所示的模型。将教师的自主性、学生的认知情况和客观教学环境当作一个整体，教师的自主性为自变量，学生的认知情况为因变量，客观教学环境为中介变量。以此研究在教学的自主性当中科学教师在课堂上做实验的次数增多、播放仿真视频、课上讨论等这些反映教师自主性的潜在变量的改变对学生的认知情况的影响。

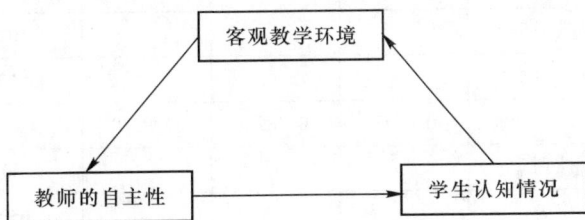

图3-2   中介模型检验

首先采用Hayes（2012）编制的process插件中的模型4，在控制性别、年级、学业成绩、科学记录完成度和科学教师学历的情况下对教师的自主性和学生认知之间的关系的中介效应进行检验。结果（见表3-13）表明，教师的自主性对学生认知有显著正向预测作用（$\beta=0.4945$，$t=8.1599$，$p<0.001$）；在放入中介变量后，教师的自主性对学生认知的直接预测作用依然显著（$\beta=0.3137$，$t=4.8857$，$p<0.001$）；教师的自主性对客观教学环境有显著的正向预测效果（$\beta=0.515$，$t=8.2928$，$p<0.001$）；客观教学环境对学生的认知有正向的显著预测效果（$\beta=0.3511$，$t=5.9855$，$p<0.001$），教师的自主性对学生认知直接效应及客观教学环境的中介效应的bootstrap 95%置信区间的上下限均不包含0，表明教师的自主性不仅能直接预测学生的认知，而且能通过客观教学环境的中介预测学生的认知。该直接效应（0.87）和中介效应（0.50）分别占总效应（1.34）的63%和58%。

表 3-13　客观教学环境的中介模型检验

回归方程 ($N=249$)		拟合指标			系数显著性	
结果变量	预测变量	R	R^2	$F(\mathrm{df})$	B	t
学生的认知		0.6248	0.4131	28.3928		
	性别				0.0124	0.2503
	年级				0.0491	0.8388
	学业成绩				0.0061	0.1160
	科学记录完成度				0.1987	0.8119
	科学教师学历				−0.0571	−0.9334
	教师的自主性				0.4945	8.1599***
客观教学环境		0.6195	0.3838	25.1198		
	性别				0.0404	0.7939
	年级				−0.0043	−0.0714
	学业成绩				0.0996	1.8482
	科学记录完成度				0.1775	2.9737
	科学教师学历				0.1023	1.6304
	教师的自主性				0.5150	8.2928***
学生的认知		0.6993	0.4891	32.9520		
	性别				−0.0018	−0.0377
	年级				0.0507	0.9246
	学业成绩				−0.0289	−0.5830
	科学记录完成度				0.1364	2.4601
	科学教师学历				−0.0930	−1.6168
	教师的自主性				0.3137	4.8857***
	客观教学环境				0.3511	5.9855***

注：模型中各变量均采用标准化 Z 分数代入回归方程，下同。

图 3-3 所示的 SEM-1 模型中，B1～B34 是自编问卷中的 34 个题项，其中 B1～B5 属于教师的自主性维度，B6～B11 属于客观教学环境维度，B12～B34 属于学生的认知维度；e1～e34 是 Amos 软件设定的误差项。因为调查中不可能 100% 测量出被试的特质，误差项就是根据调查数据估计的可能的误差百分比。按逻辑思维分出因果，要在结果处加上误差参数，即 e34 和 e35。

可以推测，教师的教学效果通过学生的认知情况所表现出来，从图 3-3 所示的 SEM-1 模型中可以看出，影响小学高年级阶段科学学科的教学效果的主要因

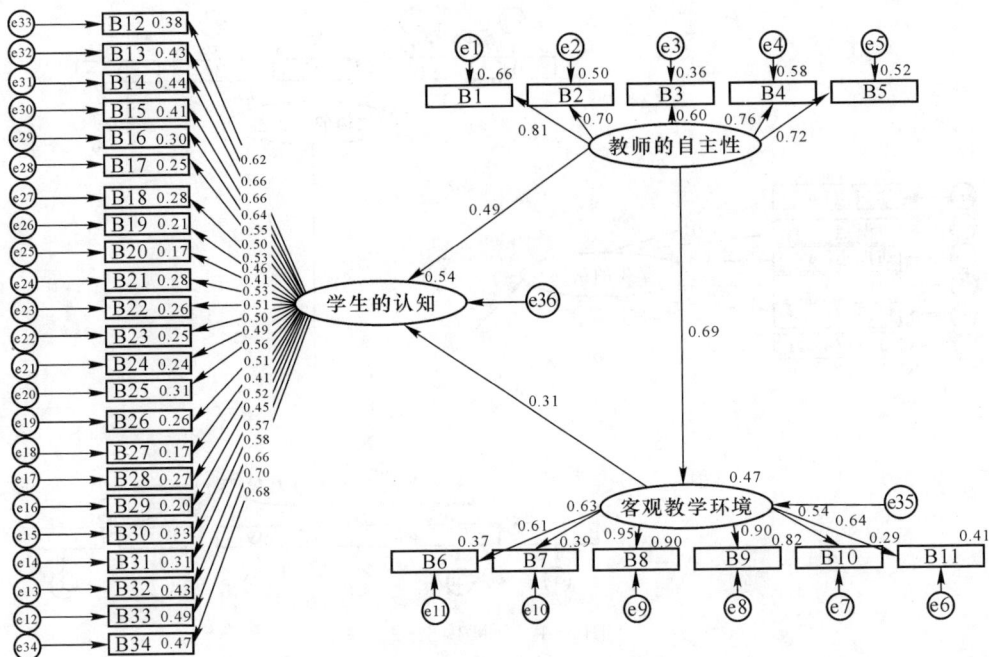

图 3-3　SEM 模型-1

素是教师的自主性（$\beta=0.49$），教师的自主性对学生的认知并不能直接地起决定作用，它也受着客观作用的影响，否则教师的自主性再高没有环境的支持也无法发挥相应的作用，所以在客观环境做中介作用之后，就会有提高学生的认知水平的可能（$\beta=0.69\times0.31=0.2139$），由此可知，影响学生的认知情况的主要因素是教师的自主性，其次是客观环境。

图 3-4 所示的 SEM-2 模型中，B1～B11 是自编问卷中的 11 个题项，知识点1～知识点 6 是维度三学生的认知情况中根据不同概念而再次划定的潜在变量的总分；其中 B1～B5 属于教师的自主性维度，B6～B11 属于客观教学环境维度；e1～e17 是 Amos 软件设定的误差项。因为调查中不可能 100% 测量出被试的特质，误差项就是根据调查数据估计的可能的误差百分比。按逻辑思维分出因果，要在结果处加上误差参数，即 e18 和 e19。

从图 3-4 所示的 SEM-2 模型中可以看出，在教师的自主性当中，起重要影响作用的是：第一，B1 你们科学老师在课堂上自己做实验的次数多吗；第二，B4 你们科学老师布置课后需要你们自己动手操作的实验多吗；第三，B5 你们科学老师在课堂上让你们讨论的次数多吗；第四，B2 你们科学老师在课堂上播放仿真实验的次数多吗；第五，B3 科学老师课堂一直只用语言自己讲没有实验或视频情况多吗。由此可见动手实践操作的重要性。在学生的认知情况中，学习情

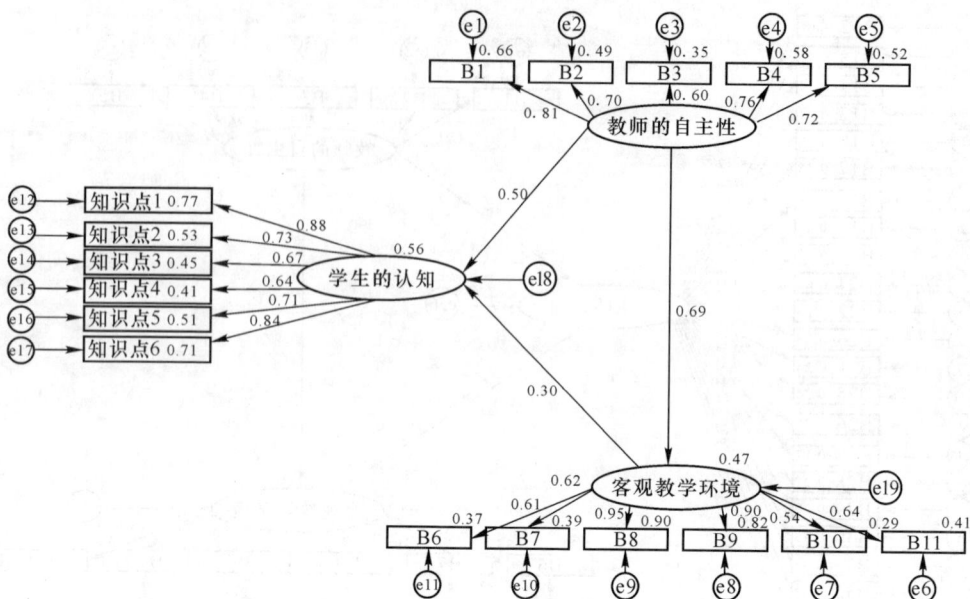

图 3-4　SEM 模型-2

注：（1）知识点 1：B12～B18 对应地球上生活着不同种类的生物；

（2）知识点 2：B19～B22 对应植物能适应环境，可制造和获取养分来维持自身的生存；

（3）知识点 3：B23～B24 对应动物能适应环境，获取植物和其他动物的养分维持生存；

（4）知识点 4：B25～B27 对应人体由多个系统组成，各系统分工配合，共同维持生命活动；

（5）知识点 5：B28～B30 对应植物和动物都能繁殖后代，使它们得以世代相传；

（6）知识点 6：B31～B34 对应动植物之间、动植物与环境之间存在着相互依存的关系

况的好坏程度分别是：第一，知识点 1：B12～B18 对应地球上生活着不同种类的生物；第二，知识点 6：B31～B34 对应动植物之间、动植物与环境之间存在着相互依存的关系；第三，知识点 2：B19～B22 对应植物能适应环境，可制造和获取养分来维持自身的生存；第四，知识点 5：B28～B30 对应植物和动物都能繁殖后代，使它们得以世代相传；第五，知识点 3：B23～B24 对应动物能适应环境，获取植物和其他动物的养分维持生存；第六，知识点 4：B25～B26 对应人体由多个系统组成，各系统分工配合，共同维持生命活动。

小结讨论：本研究基于以往对教师的自主性与学生的认知情况之间关系的理论基础的了解与明晰的背景下构建了一个有调节的中介模型，明确了教师的自主性与学生的认知情况的关系的直接预测作用，而且对客观教学环境的中介作用进行了验证，研究结果对教师的自主性与学生的认知情况的关系、客观教学环境的作用及教师自主性的培养有一定的理论及现实意义，从而使科学教师明确自己在完成相应教学知识的同时，更应该注重教师自主性的发挥，注重方法的作用，给同学们创设更加良好的学习环境，明确实践出真知的重要性。以此在提高学生科

学认知的同时提高自身的教学效果。

探讨教师的自主性对学生认知的中介作用，不仅有助于揭示教师自主性的影响，而且有助于揭示学生认知的情况。本研究发现，教师的自主性能通过客观教学环境的中介作用预测学生认知情况的关系，即学生的认知情况随着教师自主性的升高而升高。学生认知情况的高低受很多因素的影响。不可否认的是正向的、良好的客观环境不仅有助于学生认知情况的提高，也对教师专业化素质的提高有着促进作用。而与之相反的是，假设学生处在一个相对落后的环境中，没有专业权威的老师进行指导，没有先进的多媒体技术进行辅助，则学生的认知情况就会明显变得狭隘许多。通过以上数据的分析可知，教师的自主性不仅能够直接预测学生的认知情况的关系，而且能够通过客观教学环境的中介作用预测学生认知情况的关系，表明了教师的自主性与学生的认知情况之间的紧密关系，并且客观教学环境起着重要的中介作用。如果教师能够发挥自主性，充分调动各种教学方法和策略，在此基础上进一步对学生的认知情况进行调节，可以对教学过程起着很好的推动作用。

从数据结果（表3-14）可以看出教师自主性的直接效应和客观教学环境的中介效应都非常显著，由此可见，教师的自主性对学生认知情况的重要性。如果教师的自主性高，则学生的认知情况就良好。在教师的自主性中本书设置了"你们科学老师在课堂上自己做实验的次数多吗？""你们科学老师在课堂上播放仿真实验的次数多吗？""科学老师课堂一直只用语言自己讲没有实验或视频情况多吗？""你们科学老师布置课后需要你们自己动手操作的实验多吗？""你们科学老师在课堂上让你们讨论的次数多吗？"这几个题目，而这些题目归根到底就是是否让学生主动参与到课堂中完成实践。由此可见实践的重要性和课堂中以学生为主体地位的重要性。

表 3-14　总效应、直接效应与中介效应分解表

项目	效应值	标准误差	效应下限	效应上限	相对效应值
总效应	1.3747	0.1685	1.0429	1.7066	
直接效应	0.8721	0.1785	0.5205	1.2237	63%
中介效应	0.5026	0.0931	0.3314	0.6969	58%

注：采用 bootstrap 方法抽样 5000 次，上下限 95% 置信区间。

3.6　研究结果

3.6.1　学生性别与教学效果之间的关系

学生的不同性别对小学高年级阶段科学学科的教学效果 T 检验见表3-15。

表3-15　学生的不同性别对小学高年级阶段科学学科的教学效果 T 检验

项目	总体问卷	因子一	因子二	因子三
男（$n=142$）	91.44±23.01	15.51±5.20	18.10±6.64	57.83±14.67
女（$n=107$）	94.05±22.64	16.13±5.11	18.92±6.67	59.01±13.94
T	−0.893	−0.934	−0.959	−0.641
Sig	0.373	0.351	0.338	0.522

注：因子一为教师的自主性，因子二为教学环境，因子三为学生的认知情况。

由表 3-15 可知，男生和女生对小学高年级阶段科学学科的教学效果没有显著性差异性，总体问卷方面女生对科学学科的学习效果好于男生对科学学科的学习效果。问卷计分 1~5，总分范围是 34~170 分，分因子分数范围是 5~110 分，分值越大效果越好。对于不同性别学生对小学高年级阶段科学学科的教学效果影响最大的是学生的认知情况，其次是教学环境、教师的自主性。

3.6.2　学段与教学效果之间的关系

不同年级对小学高年级阶段科学学科的教学效果 T 检验见表 3-16。

表3-16　不同年级对小学高年级阶段科学学科的教学效果 T 检验

项目	总体问卷	因子一	因子二	因子三
四年级（$n=115$）	91.25±23.84	15.76±5.43	18.07±6.71	57.42±15.32
五年级（$n=134$）	93.69±21.99	15.80±4.93	18.78±6.61	59.12±13.46
T	−0.840	−0.064	−0.834	−0.929
Sig	0.402	0.949	0.405	0.354

注：因子一为教师的自主性，因子二为教学环境，因子三为学生的认知情况。

由表 3-16 可知，年级对小学高年级阶段科学学科的教学效果没有显著性差异性。总体问卷方面五年级对科学学科的学习效果好于四年级对科学学科的学习效果。问卷计分 1~5，总分范围是 34~170 分，分因子分数范围是 5~110 分，分值越大效果越好。对于不同性别学生对小学高年级阶段科学学科的教学效果影响最大的是学生的认知情况，其次是教学环境、教师的自主性。

3.6.3　学校所在地与教学效果之间的关系

不同学校所在地对小学高年级阶段科学学科的教学效果方差分析检验见表3-17。

表3-17 不同学校所在地对小学高年级阶段科学学科的教学效果方差分析检验

项目	总体问卷	因子一	因子二	因子三
县市	106.98±19.01	18.98±4.47	21.89±5.00	66.10±13.41
乡镇	83.67±20.26	13.91±4.46	16.45±6.63	53.31±12.77
村屯	80.87±22.41	11.25±5.15	13.38±7.21	56.25±11.85
F	41.290***	41.111***	26.164***	28.109***
Sig	0.000	0.000	0.000	0.000

注：*表示$p<0.05$，**表示$p<0.01$，***表示$p<0.001$；其中因子一为教师的自主性，因子二为教学环境，因子三为学生的认知情况。

由表3-17可知，不同学校所在地的学生对小学高年级阶段科学学科的学习效果的差异性显著。总体问卷方面，学校所在地为县市的学生对小学高年级阶段科学学科的学习效果较好，其次是学校所在地为乡镇的学生、学校所在地为村屯的学生。$p<0.05$，说明无论任何学校所在地的学生对小学高年级阶段科学学科的学习效果差异性都显著。无论是学生的认知情况、教学环境、教师的自主性，都是学校所在地为县市>学校所在地为乡镇>学校所在地为村屯。

3.6.4 学生家庭所在地与教学效果之间的关系

不同家庭所在地对小学高年级阶段科学学科的教学效果方差分析检验见表3-18。

表3-18 不同家庭所在地对小学高年级阶段科学学科的教学效果方差分析检验

项目	总体问卷	因子一	因子二	因子三
县市	106.43±20.28	19.16±4.42	21.69±5.42	65.58±14.31
乡镇	86.78±18.64	14.41±4.55	18.83±6.11	55.53±11.65
村屯	83.76±21.46	13.61±4.56	16.54±6.90	53.61±13.80
F	32.327***	39.905***	18.747***	20.905***
Sig	0.000	0.000	0.000	0.000

注：*表示$p<0.05$，**表示$p<0.01$，***表示$p<0.001$；其中因子一为教师的自主性，因子二为教学环境，因子三为学生的认知情况。

由表3-18可知，不同家庭所在地的学生对小学高年级阶段科学学科的学习效果的差异性显著。总体问卷方面，家庭所在地为县市的学生对小学高年级阶段科学学科的学习效果较好，其次是家庭所在地为乡镇的学生、家庭所在地为村屯的学生。$p<0.05$，说明无论任何家庭所在地的学生对小学高年级阶段科学学科的学习效果差异性都显著。无论是学生的认知情况、教学环境、教师的自主性，都是家庭所在地为县市>家庭所在地为乡镇>家庭所在地为村屯。

3.6.5　学生班级成绩排名与教学效果之间的关系

成绩在班级排名对小学高年级阶段科学学科的教学效果方差分析检验见表3-19。

表3-19　成绩在班级排名对小学高年级阶段科学学科的教学效果方差分析检验

项目	总体问卷	因子一	因子二	因子三
班级前面	102.89±24.29	16.92±5.65	22.41±6.04	63.71±16.91
上中等	98.17±25.42	16.76±5.82	19.33±6.68	61.92±16.31
中等	95.35±22.14	16.70±4.77	19.31±6.35	59.34±14.18
中下等	87.28±22.40	14.91±5.09	16.64±6.20	57.72±13.38
比较靠后	85.78±21.06	13.09±4.87	16.45±7.53	54.23±12.89
F	3.659**	4.237**	4.213**	2.509*
Sig	0.006	0.002	0.003	0.043

注：*表示$p<0.05$，**表示$p<0.01$，***表示$p<0.001$；其中因子一为教师的自主性，因子二为教学环境，因子三为学生的认知情况。

由表3-19可知，不同成绩在班级排名对小学高年级阶段科学学科的学习效果的差异性显著。总体问卷方面，成绩在班级排名处在前面的同学对小学高年级阶段科学学科的学习效果较好，其次是成绩在班级排名处在上中等、成绩在班级排名处在中等、成绩在班级排名处在中下等和成绩在班级排名处在差等。$p<0.05$，说明无论成绩在班级排名处在什么位置的学生对小学高年级阶段科学学科的学习效果差异性都显著。无论是学生的认知情况、教学环境、教师的自主性，都是成绩在班级排名处在班级前面>成绩在班级排名处在上中等>成绩在班级排名处在中等>成绩在班级排名处在中下等>成绩在班级排名处在差等。

3.6.6　学生课堂记录与教学效果的关系

科学课堂记录对小学高年级阶段科学学科的教学效果方差分析检验见表3-20。

表3-20　科学课堂记录对小学高年级阶段科学学科的教学效果方差分析检验

项目	总体问卷	因子一	因子二	因子三
非常好	109.00±20.83	19.14±4.00	23.25±7.09	71.75±12.47
比较好	108.47±20.35	18.21±4.20	22.05±6.14	67.29±13.55
一般	102.60±18.35	16.46±4.56	20.71±4.97	63.68±13.21
不太好	94.24±19.51	14.00±4.76	10.10±5.87	58.68±13.57
非常差	75.25±20.12	11.78±4.40	14.24±7.00	49.24±11.42

续表 3-20

项目	总体问卷	因子一	因子二	因子三
F	24.806 * * *	26.003 * * *	14.856 * * *	16.734 * * *
Sig	0.000	0.000	0.000	0.000

注：* 表示 $p<0.05$，* * 表示 $p<0.01$，* * * 表示 $p<0.001$；其中因子一为教师的自主性，因子二为教学环境，因子三为学生的认知情况。

由表 3-20 可知，科学课堂记录对小学高年级阶段科学学科的学习效果的差异性显著。总体问卷方面，科学课堂记录完成度非常好的同学对小学高年级阶段科学学科的学习效果较好，其次是科学课堂记录完成度比较好、科学课堂记录完成度一般、科学课堂记录完成度不太好、科学课堂记录完成度非常差。$p<0.05$，说明无论科学课堂记录完成度如何的学生对小学高年级阶段科学学科的学习效果差异性都显著。无论是学生的认知情况、教学环境、教师的自主性，都是科学课堂记录完成度非常好>科学课堂记录完成度比较好>科学课堂记录完成度一般>科学课堂记录完成度不太好>科学课堂记录完成度非常差。

3.6.7　科学教师学历与教学效果的关系

教师学历对小学高年级阶段科学学科的教学效果 T 检验见表 3-21。

表 3-21　教师学历对小学高年级阶段科学学科的教学效果 T 检验

项目	总体问卷	因子一	因子二	因子三
本科（$n=33$）	110.58±16.04	21.03±3.23	21.09±3.95	57.42±15.32
大专（$n=216$）	89.81±22.51	14.98±4.93	18.04±6.90	56.80±13.84
T	6.520 * * *	9.256 * * *	3.659 * * *	4.518 * * *
Sig	0.000	0.000	0.001	0.000

注：* 表示 $p<0.05$，* * 表示 $p<0.01$，* * * 表示 $p<0.001$；其中因子一为教师的自主性，因子二为教学环境，因子三为学生的认知情况。

由表 3-21 可知，教师为本科学历和教师为大专学历对小学高年级阶段科学学科的教学效果的差异性显著。在学生的认知情况、教学环境、教师的自主性方面，学历为本科的教师的教学效果都要显著高于教师为大专学历的教师的教学效果。

3.6.8　科学教师专业与教学效果的关系

教师所学专业对小学高年级阶段科学学科的教学效果方差分析检验见表3-22。

表 3-22　教师所学专业对小学高年级阶段科学学科的教学效果方差分析检验

项目	总体问卷	因子一	因子二	因子三
中文系	92.87±23.82	16.60±5.34	18.01±6.38	58.82±15.28
历史系	93.13±22.97	15.73±4.94	18.63±6.94	58.74±14.37
法律系	90.83±21.34	15.42±5.44	18.71±6.49	56.70±12.90
F	0.192	0.222	0.251	0.431
Sig	0.825	0.801	0.778	0.650

注：因子一为教师的自主性，因子二为教学环境，因子三为学生的认知情况。

由表 3-22 可知，教师所学专业对小学高年级阶段科学学科的学习效果没有显著性差异。总体问卷方面教师专业为历史系的老师效果好于专业为中文系的老师和专业为法律系的老师。问卷计分 1~5，总分范围是 34~170 分，分因子分数范围是 5~110 分，分值越大效果越好。对于教师所学专业对小学高年级阶段科学学科的教学效果影响最大的是学生的认知情况，其次是教学环境、教师的自主性。

3.6.9　科学教师年龄与教学效果的关系

科学教师年龄对小学高年级阶段科学学科的教学效果方差分析检验见表 3-23。

表 3-23　科学教师年龄对小学高年级阶段科学学科的教学效果方差分析检验

项目	总体问卷	因子一	因子二	因子三
40 岁	81.06±17.80	13.13±4.54	14.87±5.40	53.06±11.01
47 岁	91.68±23.53	15.88±5.28	18.20±6.66	57.59±15.32
49 岁	111.72±14.48	19.56±2.97	24.36±3.62	67.80±12.13
F	39.167***	32.224***	46.117***	20.530***
Sig	0.000	0.000	0.000	0.000

注：* 表示 $p<0.05$，** 表示 $p<0.01$，*** 表示 $p<0.001$；其中因子一为教师的自主性，因子二为教学环境，因子三为学生的认知情况。

由表 3-23 可知，科学教师年龄对小学高年级阶段科学学科的教学效果差异性显著。总体问卷方面，年龄越长的教师对小学高年级阶段科学学科的学习效果较好，其次是年龄年轻一些的教师。$p<0.05$，说明无论任何年龄对小学高年级阶段科学学科的学习效果差异性都显著。无论是学生的认知情况、教学环境、教师的自主性，都是 49 岁>47 岁>40 岁。

3.6.10　科学教师性别与教学效果的关系

教师的不同性别对小学高年级阶段科学学科的教学效果 T 检验见表 3-24。

表 3-24　教师的不同性别对小学高年级阶段科学学科的教学效果 T 检验

项目	总体问卷	因子一	因子二	因子三
男（n=194）	87.13±21.86	14.71±5.15	16.77±6.36	55.65±13.80
女（n=55）	111.73±14.48	19.56±2.97	24.37±3.62	67.80±12.13
T	-9.818	-8.908	-11.351	-6.353
Sig	0.000	0.000	0.000	0.000

注：因子一为教师的自主性，因子二为教学环境，因子三为学生的认知情况。

由表 3-24 可知，男生和女生对小学高年级阶段科学学科的教学效果没有显著性差异。总体问卷方面女生对科学学科的学习效果好于男生对科学学科的学习效果。问卷计分 1～5，总分范围是 34～170 分，分因子分数范围是 5～110 分，分值越大效果越好。对于不同性别学生对教师媒体形象妖魔化程度影响最大的是学生的认知情况，其次是教学环境、教师的自主性。

3.6.11　科学教师家庭住址与教学效果的关系

科学教师家庭住址对小学高年级阶段科学学科的教学效果 T 检验见表 3-25。

表 3-25　科学教师家庭住址对小学高年级阶段科学学科的教学效果 T 检验

项目	总体问卷	因子一	因子二	因子三
县市（n=28）	112.67±13.98	18.89±3.15	24.32±3.60	69.46±11.87
乡镇（n=221）	90.02±22.51	15.38±5.23	17.71±6.59	56.93±14.03
T	7.442***	5.067***	8.146***	5.151***
Sig	0.000	0.000	0.001	0.000

注：*表示 $p<0.05$，**表示 $p<0.01$，***表示 $p<0.001$；其中因子一为教师的自主性，因子二为教学环境，因子三为学生的认知情况。

由表 3-25 可知，不同家庭所在地的科学教师对小学高年级阶段科学学科的教学效果的差异性显著。总体问卷方面，家庭所在地为县市的科学教师对小学高年级阶段科学学科的教学效果较好，其次是家庭所在地为乡镇的科学教师。$p<0.05$，说明无论任何家庭所在地的科学教师对小学高年级阶段科学学科的学习效果差异性都显著。无论是学生的认知情况、教学环境、教师的自主性，都是县市>乡镇。

3.7　小学高年级阶段科学教学中问题的成因分析

3.7.1　应试教育根深蒂固，学生学习兴趣锐减

应试教育在中国已经被诟病多年，但素质教育却依旧是空头支票。往往打着素质教育的大旗，内里却还是赶鸭子上架般的应试教育。"填鸭式教育"虽然在

应试教育中卓有成效，但是却不利于真正的阅读和积累。这种把知识凝结成简单的口诀，把规律直白展现的教育，无异于囫囵吞枣，水过鸭背，学习知识的乐趣被淡化的烟消云散。有些家长甚至认为只要和考试无关的科目就没有浪费时间学习的必要，但是就小学科学来说，即使他不是高考科目，但是不可否认他对以后学习物理、化学有着奠基的作用。

从调查报告的研究结果可以看出成绩在班级排名处在前面的同学的学习效果好于成绩在班级排名处在靠后的同学的学习效果，科学记录完成度好的同学其学习效果好于科学完成度差的同学。其中出现这种情况的原因在于学习成绩比较好的孩子其主观能动性较强，无论对待任何一门学科都可以很好地完成相应任务。而科学课堂记录完成度较好的学生，对学好这一门课有着积极的态度，所以在主观能动性以及勤奋感方面都有强于课堂科学记录完成度不好的同学。由此可见，只有对科学这一门课程感兴趣，发挥学生的主观能动性，才能更好地提高学生的学习效果和教师的教学效果，以此在课堂上进行更好的互动。

只有知其然且知其所以然，知识才能内化，变成思想的一部分。知识虽然可以带来幸福，但如果把它压缩成药丸子灌下去，就丧失了乐趣。固然，学生知晓了知识的重要性，但若没有兴趣去讨论，总是会事倍功半，还不如在自己喜欢的行当里创下辉煌。成功不是获奖无数，名列前茅，而是你是否真正享受每一次努力的过程，若教育只是乏味的填充，就不能算是合格的教育。

3.7.2　地方资源不均衡，课程资源不充分

教育资源又称"教育经济条件"。教育过程所占用、使用和消耗的人力、物力和财力资源。即教育人力资源、物力资源和财力资源的总和。人力资源包括教育者人力资源和受教育者人力资源，即在校学生人数、班级学生人数、招生数、毕业生数、行政人员数、教学人员数、教学辅助人员数、工勤人员数和生产人员数等。物力资源包括学校中的固定资产、材料和低值易耗物品。固定资产分为共用固定资产、教学和科学研究用固定资产、其他一般设备固定资产。城乡教育资源分配的不均衡。长期以来，在我国城乡二元制结构、高度集中的计划体制下，形成了一种忽视地区差别和城乡差别的"城市中心"的价值取向。就数据来看：2001 年生均教育经费我国城镇小学生经费是农村的 1.86 倍，初中经费城镇是农村的 1.93 倍。❶ 就城市重点高中来说，来自高阶层家庭的学生是低阶层家庭的116 倍，中上层家庭的孩子约 62% 进入重点中学，而低阶层家庭的孩子约 60% 在非重点中学。

从调查报告中可以看出学校所在地为县市的教学效果好于学校所在地为乡镇

---

❶ 段可然. 对教育资源分配不均问题的探讨［J］. 亚太教育，2016（8）：73.

和学校所在地为村屯的教学效果。学生家庭所在地为县市的教学效果好于家庭所在地为乡镇和家庭所在地为村屯的学生。家庭所在地为县市的科学教师对小学高年级阶段科学学科的教学效果好于家庭所在地为乡镇的科学教师。其中出现这种情况的原因可能是县市的教学环境、教师的教学水平以及学生的生源质量都要好于乡镇和村屯；在县市普遍使用多媒体教学，教师也会使用多种教学方法综合教学，在教学环境上也可能存在实验室、标本馆等较好的环境；县市的教师接受多媒体教学的程度快，从小接受的教育和见过的世面多余家庭所在地为乡镇和家庭所在地为村屯的教师。而且家庭所在地为县市的学生其父母学历水平较高，在教养孩子的方式方法上有自己的特色，遵循孩子的身心发展规律，在家庭和学校以及孩子的主观能动性形成合力的共同作用下，导致了以上情况。

3.7.3 科学教师专业能力不足，缺乏终身学习的理念

从调查结果可以看出，学历为本科的教师的教学效果都要显著高于教师为大专学历的教师的教学效果。年龄较长的教师的教学效果要明显好于年龄较小的教师的教学效果。出现这种现象的原因可能是本科学历的科学教师在专业知识学习的深度广度上、科学专业知识学习的系统化程度上、个人努力程度上、学习环境氛围上、外出交流学习的机会上都要明显好于学历为专科的科学教师，并且位于本科学校的教师在专业知识水平上也要好于位于专科学校的教师。而年龄较长的成熟教师的教龄长，经验丰富，面对课堂紧急状况也有充足的教育机制，可有游刃有余地面对课堂中出现的任何问题。

由此可见，科学教师的专业能力对科学学科教学效果的重要性。但是目前已经入职科学教育的教师入职之后基本不会再继续进行学历的深造和知识的深入，长此以往，只会导致科学教师知识退化，跟不上知识的顶端、时代的潮流，尤其是学历为专科的教师在上学期间本身在专业知识学习的深度上和广度上没有学历为本科的教师学习效果好，同时外出交流学习的机会也屈指可数，更需要不断强化自身本领。

另外，还有一些教师在感受到自己知识储备的不足后只是过度焦虑并没有付诸行动去学习。其实知识焦虑的背后实质就是没有做好终身学习的准备。知识的焦虑，是来自自己内心深处对知识的一种渴望，这是好事。当我们沉静下来，翻开一页页给我们力量的书籍，这种焦虑便即刻溶解了。是继续焦虑着，还是享有片刻舒心。人生的焦虑，在于对未来的生活过于完备，害怕生出一丝的不寻常。焦虑催人奋进，正是这种焦虑，证实了我们仍有所求。心念之，则焦虑不断。困于心恒于虑的焦灼固然令人头疼，但适当地保持焦虑是不是更能证明我们在这世界仍有羁绊？享受焦虑，使之化为利器，也许能打开我们新的人生格局。所以当前教师应该提高自己专业能力，树立终身学习的理念。

3.8　结论与反思

　　科学由缺乏知识的行动开始，由能够应用到实际的知识作结。研究，往往是因为在实践过程中产生困惑，或者是"知其然，不知其所以然"。我们正是怀揣着这样的疑问和好奇心，开始寻找事物运行背后的规律，然后利用规律对现有的器物、制度进行优化，直至新问题的产生，在这样周而复始的循环中，不断进化。

　　通过对小学高年级阶段科学学科的教学效果进行问卷调查，可以发现影响小学高年级阶段科学学科的教学效果的原因：第一是教师的自主性；第二是教学环境；第三是学生的认知情况。所以在未来首要做的就是整顿校风学风，学校内部建立教师奖惩机制，提高教师教学能力和教学的积极性。同时家长积极配合学校，每天即使再忙也一定要找时间了解孩子的内心想法，发现孩子自身存在的问题，在解决问题的同时提高孩子对科学兴趣的激发。当然，关心孩子的科学学习效果也要遵循儿童的身心发展规律，不要强迫孩子学习，搞疲劳战术死记硬背。由此在家校的共同努力下改善学生的学习效果同时提高教师的教学效果。

　　当前有一些学术文章表明，中国的教学违背了学习者自主的政治原则，被批评为是教师主导的课堂。我们无法否认这些批评，在教学过程中确实存在这种情况，因为教师在教学水平上确实有他的问题。然而，当在中国教育系统的动态中审视这种批评时，可以发现它是不合理的，并导致了其他问题，如教师权力的丧失，❶ 教师的水平高低对教学的最终结果有显著的影响，所以在教育教学实践中，需要对教师的水平进行强调。从目前的分析来看，随着教育改革的深化，老师们对自身教学水平的重视度有了显著的提升，所以均在积极地进行自我发展，从校本研修系统的视角做分析，教师的自主性专业发展无论是对自身能力提升还是对教学进步均有积极的意义。❷

　　最后，最重要的就是激发孩子的自主性，从呱呱坠地起，人们就通过学习认识这个世界，开启自己的人生。从懵懵懂懂到明理识义，不仅是知识的积累和丰富，更是一个人的精神和品格的塑造与形成。学习贵在积累。水滴石穿，非一时之力；铁杵成针，非一日之功。只有博观而约取，才能厚积而薄发。所以，在努力了仍没有取得好成绩的时候，教师和家长不应该批评和抱怨学生，虽然暂时没有看到知识的果实，但是知识已经在土里扎根蔓延。学习没有捷径，所有的"速

---

❶ 濮实. 中国大学英语教学大纲中"学习者自主性"概念的历史研究（1978—2007）（英文）[J]. Chinese Journal of Applied Linguistics, 2020, 43 (1): 83-104, 127.

❷ 李丽. 论教师自主性专业发展——基于校本研修系统的视角 [C]. 2019教育信息化与教育技术创新学术研讨会（成都会场）论文集. 中国智慧工程研究会智能学习与创新研究工作委员会, 2019: 385-387.

成学习法",都只会带着人们走向一条更崎岖的路,看似繁花似锦,实则海市蜃楼。大多数学习都难以"立竿见影",只有延迟"即时满足"的欲望,才能在坚持后收获更有价值的果实。在这个知识经济时代,学习能力是当代青年人的核心竞争力。只有不断地学习,我们才能把握瞬息万变的时代脉搏,才能立足于日新月异的社会环境,才能"大有可为、大有作为"。所以自主性对一个孩子的成长至关重要,只有自己的主观意愿愿意去这样做了,才会达到事半功倍的效果,教师和家长一定要树立孩子的这种信心,让他相信他能完成这个任务,从而增强学生自主性。

中国学术期刊全文数据库(CNKI)教育与社会科学类和 ProQuest 博硕论文全文库(PQDD)对于科学和教学效果两方面的文献数量比较多,所以笔者可能没有梳理全面,对于科学学科和教学效果相关的理论掌握也可能不是很全面,提出的一些观点也比较狭隘,因此本研究并不是很完备,提出的建议可能还存在很多问题,同时由于调查对象范围和数量较少,学生问卷仅仅在牡丹江市小学进行发放,调查结论不能涵盖所有的情况,这也是今后研究所需要改进的地方,后期的研究还会付出更多的时间精力来继续深入。

4 物质科学领域信息化教学策略

物质科学是认识自然界的基础，作为小学科学课程中内容涉及领域的四分之一，物质科学在小学科学课程中占有重要的地位。2017 版《义务教育小学科学课程标准》中共有 18 个主要概念，其中物质科学领域有 6 个，占总数的三分之一。

4.1 物质科学领域教学内容分析

物质科学是研究物质及其运动和变化规律的基础自然科学。本领域内容的学习将有助于增强学生探究物质世界奥秘的好奇心，形成"世界是物质的，物质是运动的"的观点，使学生感受到物质科学对促进社会进步、提高人类生活质量的重要作用，帮助学生初步养成乐于观察、注重事实、勇于探索的科学品质。

4.1.1 探究与理解相结合

理解更多来源于直观感性，是非理性的，但是理解又是人成长过程中意识成长的必然。探究是通过多种方法寻找证据、运用创造性思维和逻辑推理解决问题，并通过评价与交流等方式达成共识的过程，是理性的。儿童对物质科学概念的理解主要是通过对科学现象笼统的、表面的、直接的观察，随后进行现象的描述、经验的总结和思辨性的猜测。而在物质科学中概念和规律都是通过科学探究得出的结论，科学探究能从根本上发展学生的学习能力、分析问题、解决问题的能力，培养创新精神和实践能力，还能有效地培养学生的情感态度和价值观，帮助学生建立更加客观、理性的理解。比如，在空气具有质量并占有一定的空间这部分内容中，要让学生通过探究的方法，提出问题、做出假设、制定计划、搜集证据、处理信息、得出结论、表达交流、反思评价，最终强化学生对空气不是"空"的，是有质量并占据一定的空间，没有固定的体积，其形状随容器而变的理解。

4.1.2 显性具象化物质认识帮助构建抽象化物质

在小学，学生对物质的本体认识是具象化的物质，没有形成类属化的物质，类别的概念内隐在具体的学习和要求之中。比如，在主要概念上把"水"作为纯净物的代表，把"空气"作为混合物的代表。学生在小学阶段，无法建构对抽象化的"物质"概念的全面认识。

4.1.3　从定性描述到定量表达

小学科学物质科学领域在小学低段对概念和规律的描述多为定性描述，比如观察并描述淀粉的颜色、气味、状态等特征，知道二氧化碳比空气重，有的物质能浮在水中，有的物质会沉入水中等。在小学中段，开始逐步接触定量知识，比如，通过观察，描述水在多少度沸腾、多少度结冰。不仅要求学生能够用质量、体积、长度、温度等科学名词对物体的特征进行简单的定量表达，还要能够用国际通用的单位记录物体的特征。

4.1.4　在物质的组成和机构认识上，从宏观现象深入到微观理解

小学科学中对物质的组成和结构的认识，不仅要求学生能够从宏观层面上感知物质的存在，还要求学生能够从微观层面上去理解物质的变化，哪些变化改变了物质的组成，哪些变化没有。比如，铁生锈了；加热白糖直至发出糊味，颜色变黑，这个实验产生了新的物质；蜡烛燃烧同样也能够生成新的物质。

4.1.5　对能量形式的认识

小学阶段，将带领学生从认识不同形式的能量开始，从生活中的运动、声、光、热、电、磁的自然现象理解不同形式的能量及其表现形式。从对不同形式能量的个别认知开始，为初中阶段更为具体的能量定义和计算奠定基础，帮助学生从整体上认识能量。

4.1.6　对于能量转换的认识

在小学阶段，需要从生活现象、日常应用，帮助学生理解不同形式之间能量的转化。比如，用电暖气取暖，是将电能转换为热能；太阳能电池是将光能转换为电能。为初中阶段进一步研究能量守恒做铺垫。

4.1.7　力的作用与运动

力不可见，但是能够通过力的作用效果让小学生感知力的存在，也可以通过实验去探究力的方向、大小，从现象感知力，了解牛顿定律、阿基米德原理等力学领域科技历史。对于"运动"的学习，小学生将逐步开始对运动本身的学习，能够描述出物体运动的位置、方向的变化，结合小学数学的学习进度，能够测量距离、运动时间从而计算出运动速度，明确用速度来表征物体运动的快慢。

4.2　物质科学领域的教学策略

4.2.1　灵活运用多种媒体，生动创设情境

情境教学就是充分利用形象，创设典型场景，激起学生的思维，把认知活动

和情感活动结合起来的一种教学方法。❶ 在小学科学物质科学领域教学过程中生动创设情境，能够增强学生的好奇心，引发学生探究物质世界的意愿，对培养学生的科学探究精神有很大的帮助。

信息化情境创设可以借助多种媒体工具，创设不同媒体类型演绎的情境，使情境表达更为丰富、生动。在信息时代，首先要掌握各种媒体的特征、表现形式以及处理方法，能够自如地将它们组合，才能更为灵活、生动地创设情境。

总体来说，教学当中经常使用的多媒体类型主要有文本、图片、动画、音频、视频，能够按照个人需求获取、处理这些类型的媒体素材，才能更有效地运用这些媒体素材创设情境。

4.2.1.1　图片

A　图片的类型

图形、图像等构成的平面媒体都可以称为图片。图片格式很多，但总体上可以分为位图和矢量图。二者在计算机的成像原理不同，位图图像也称为点阵图像，位图图像由像素点构成，如果将位图不断放大，当放大到一定程度会发现整幅图有无数个小方块构成，每一个小方块都携带着色彩信息，小方块的边缘就是画面的边缘，因此画面边缘不是平滑的而是锯齿状的。矢量图成像是由计算机运算得出，构成矢量图的是轮廓线和内部填充色。成像原理的不同导致用户在使用矢量图和位图时注意以下几点：

（1）如果原位图分辨率较小，放大容易失真，图像变模糊。矢量图没有分辨率之说，放大后不会失真，所以尽量使用分辨率较大的位图素材。位图虽然放大失真，但是胜在色彩比矢量图更丰富，画面层次更分明，表现力更强，并且网上大部分图像素材都是位图，在使用时尽量选择"大图"，减小由于放大过度而失真的可能性。

（2）常用的位图图片格式有 jpg、png、bmp、gif 等，其中 png、gif 格式能够保存透明通道，即这两种格式的图片才有透明背景，其他格式不支持透明背景。

（3）网络下载图片时，直接在图片上单击右键，选择"图片另存为"，此时一定要注意看图片保存类型，这里的保存类型决定了下载的图片格式。默认的下载图片类型也可以作为判断下载图片类型是否正确的依据。

常用的位图处理软件有 Photoshop（主要进行位图处理也包含矢量功能）、Painter 和 Windows 系统自带的画图工具等，Adobe Illustrator、Flash、CorelDraw 则是常用的矢量图软件。

---

❶ 应俊. 创设教学情境　激活课堂思维　发展核心素养——以高中物理"超重与失重"教学为例 [J]. 物理教学，2020，42（4）：12–14.

B 图片常用参数

在信息时代所有媒体素材都可以进行数字化处理，在计算机内通过具体的参数设定对其进行显示，参数的值确定它的表现形式。所以，处理媒体素材的根本是通过调整其某一或某些参数的值以达到预期的呈现效果。

亮度：图像亮度是指画面的明亮程度，拍照时光线不足的照片也可以使用增加亮度的方法进行调整。

对比度：图像的对比度指的是一幅图像中明暗区域最亮的白和最暗的黑之间不同亮度层级的测量，对比度中画面黑与白的比值差异范围越大代表对比越大，差异范围越小代表对比越小。

有时图片过亮，对比度就会下降，所以为了使图片看得更清楚，需要同时关注亮度和对比度的调整，效果如图 4-1 和图 4-2 所示。

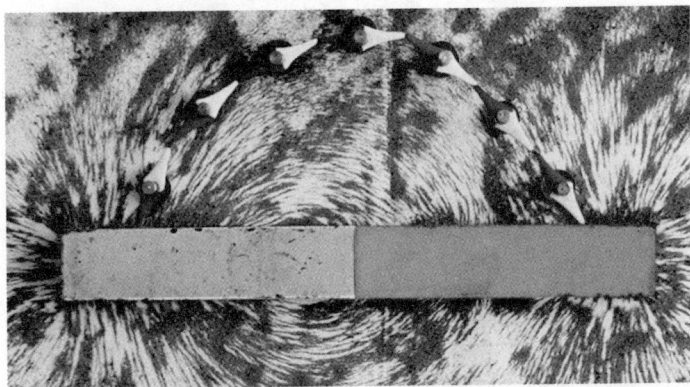

图 4-1 亮度、对比度调整前（似水流云个人图书馆）

图 4-2 亮度对比度调整后

锐化：在素材处理过程中，经常会遇到模糊的图像，能够造成图像模糊的原因有很多，比如拍摄时没能准确对焦，就容易拍出模糊的照片。这时可以使用工具将图片进行锐化处理，将其变得清晰些，效果如图4-3所示。

图4-3　锐化处理前后对比

颜色：图像的颜色在计算机中通常是RGB模式显示出来的，RGB即是代表红、绿、蓝三个通道的颜色，通过调整三个颜色通道的变化，可以使图像颜色显示出不同的效果。有时为了能够更清晰或者统一风格，我们可以改变图像的颜色，对比效果如图4-4所示。

图4-4　颜色调整前后对比

分辨率：图像分辨率指图像中存储的信息量，是每英寸图像内有多少个像素点，分辨率的单位为PPI（Pixels Per Inch），通常称为像素每英寸。每英寸内像素点越多，分辨率就越大，图像就越清晰，图片大小也就越大；反之，分辨率就越小，图像就越不清晰，图片占空间也就越小。相同画面不同分辨率效果如

图 4-5 和图 4-6 所示。

图 4-5　原图像分辨率：3400 * 3123

图 4-6　原图像分辨率：140 * 133

能够进行图像处理的软件有很多，常用的有 Photoshop、美图秀秀等，这些图像处理软件都能够对上述图像参数进行调整达到改变图像显示效果的目的，同时，这些软件还能够对图像进行裁剪、旋转、修改格式等操作。不论使用哪款软件，只要能够掌握关键参数的名称并进行修改即可。

4.2.1.2 动画

动画素材比图像素材在维度上多出时间维度即时间线，它利用人类的视觉暂留现象（人眼在观察景物时，光信号传入大脑神经，需经过一段短暂的时间，光的作用结束后，视觉形象并不立即消失，这种残留的视觉称"后像"，视觉的这一现象则被称为"视觉暂留"），在 1 秒钟内播放十几个甚至几十个连续动作的画面，让人感觉是动态的。那么对于每秒钟呈现画面的个数就称为帧频。帧频大则 1 秒内呈现的画面越多，相对动作越流畅，通常这些动态素材的帧频在 15～30之间。创作动画的应用软件很多，有专业级的二维动画制作软件 FLASH、也有免费易上手的万彩动画大师，还有三维动画制作软件 3DSMAX、Autodesk Maya 等。利用动态素材的成像原理，我们用 PPT 也可以制作动画效果。近年网上非常流行的"快闪"式 PPT 导入，就可以用 PPT 结合动画的特点制作出来的。首先在PPT 的每页幻灯片上呈现不同的短文字信息，有的甚至一页只有一个字，然后设置幻灯片放映为自动放映，并且间隔时间为 00.00，在需要停留时间稍长的幻灯片页面将其切换时间设置稍长，如切换间隔时间为 1 秒。在放映的时候就能达到快闪动画的效果，让人眼前一亮，吸引学生的注意力，让学生迅速进入课堂学习状态。在后面会具体介绍利用 PPT 制作课堂教学内容动画的操作步骤。

> **小贴士**
>
> 动图是比较特殊的一类图片文件，它的扩展名为.gif，它不是动画，是图片，但是它的外显形式更像动画，呈现的是动态的画面，并且能够直接以插入的方法嵌入到演示文稿当中，使用方便。但是在课件中，如果与教学内容无关就不要加入动图进行装饰，它会分散学生的注意力，反而忽略了课件呈现的主要内容。

4.2.1.3 影片

这里的影片指的是既有声音又有画面并且声音和画面内容同步的一种媒体形式。由此也看出，影片其实由声音和动态画面构成即音频、视频。

音频获取途径主要有网络下载、从影片中提取、自行录制。对于音频、视频素材的处理，应用软件有很多，有针对音频处理的专业级应用软件 Cool Edit Pro、Adobe Audition，也有针对具体功能的软件功能模块，比如，酷狗铃声制作，可以从整首音乐中任意截取一部分并保存为单独的音频文件。

另外，所有的视频编辑软件都可以实现简单的音频编辑。我们在选择和使用视频素材时需要特别注意它们的格式，因为不同的视频格式需要不同的视频解码器（播放器）才能正常放映视频。这里推荐使用的视频格式有.MP4、.WMV。.MP4的通用度高，目前比较流行的视频播放软件都可以正常放映。.WMV这个视频格式在当今其实并不流行，但是它有一个好处就是可以直接嵌入式插入到PPT中，如果我们要在PPT中直接播放视频可以考虑把视频转换为这个格式再插入到幻灯片中。

视频的获取途径主要有网络下载，从影片中截取、自行拍摄。在教学过程中，我们往往只需要现成视频中的一个视频片段而不是整段视频，这就需要对视频进行截取。对视频的截取有很多软件工具，也有很多方法，这里归纳两种进行介绍：录制式截取和剪辑式截取。

（1）录制式截取：顾名思义，在视频播放过程中用屏幕录制的方式选取视频中的一部分录制下来并生成新的视频文件。这种操作需要屏幕录制工具，关于屏幕录制的方法，在8.2.1中将详细介绍。

（2）剪辑式截取：将下载的视频素材，利用视频编辑软件，从中截取一段视频再生成为新的视频文件。可以想象为长长的一幅画，里面有很多画面，我们用剪刀从中剪开下来一段，单独保存起来，在课堂上把这单独保存起来的画卷打开给学生看。完成把视频"铺开"，用"剪刀"裁剪，再单独保存，这些工作需要视频编辑软件完成。PC端视频编辑软件很多，比如Adobe Premiere、会声会影都能轻松满足我们的需求，但是这类专业软件购买费用较高，而且很多过于专业的功能我们并不需要，我们需要的是免费的、能够实现简单视频剪辑功能的软件。这里推荐"快剪辑"。不论你使用的是Premiere还是快剪辑，所有视频编辑软件的编辑流程大致相同：导入视频素材、编辑素材（包括剪辑素材、添加转场、添加视频特效、添加字幕、添加音频等）、生成视频。

小贴士

目前主流视频网站有优酷网、腾讯视频、爱奇艺等，这些视频网站视频资源丰富，有大量的科学小实验、科学现象等与科学教育相关的视频教育资源。下载后需要使用其各自的视频播放器放映视频。

4.2.2 交互式课件，增强课程互动性

李定仁、郭道明、唐文中等人在《小学游戏教学理论》中对于"游戏化教学"的界定是："以教学为目的，教师通过科学设计或选择游戏，并与教学过程

整合，使学生在活泼愉快、积极向上的氛围中开展学习的一种教学活动类型。它将教学因素和游戏因素紧密结合在一起，是传统教学的延伸"❶。

信息时代的小学科学游戏化教学，除了准备实物、道具开展游戏，还可以运用信息技术手段，进行具有互动性教学特性的教学活动。互动内容设计要紧密围绕教学内容，具有完整的互动的情境设定，并且要具有一定的趣味性、科学性以及艺术性，要让小学生在身心愉悦的环境中，达成教师预设的教学目标。教师可以使用现有教学媒体工具开发出具有交互功能的交互式课件，将互动活动信息化，也可以利用信息化教学资源，将现有的物质科学方面的信息化资源运用到教学当中，让学生在"玩"中学科学，在"学"中体会技术带来的快乐。

交互式课件中的交互，有两层含义，一是指在使用过程中，学生能够与课件产生直接的物理性互动，另一层是指在学生与课件产生物理性互动的同时，学生在心理上与课件上要表达的教学内容、知识产生心理上的互动。心理上的互动是隐性的，需要教师在课件设计之时考虑与授课内容、流程结合，使课件被使用时不仅从界面上贴近学生，更要从叙述环节、内容设计上起到引导思想的作用，让学生从心理上与互动内容产生交互效应，增强学生自主学习动力，强化学习效果。

互动是有彼此联系，相互作用的过程，通常是人与人之间、人与生物之间的行为。利用信息技术，让课件也具有这一性质，能够对人的行为产生相应的反应。教师放映 PPT，点击一下鼠标，幻灯片播放下一页或者出现一个动画，这属于互动；课件导航功能完善，让使用者能够随意选择需要的内容页面并跳转到指定位置也是互动；课件具有判断、循环等结构功能，能够对使用者给出的信息、答案自动判断对错，甚至分析错误原因，能够根据操作时间长短判断熟练程度，能够计时、计分，也属于互动。课件互动性的实现需要信息技术支持，这一点毋庸置疑，至于技术，本就没有高低之分，只看效果能否达到预期。而在日常教学过程中，对于小学科学教师，由于专业原因，对实现互动的技术掌握可能远不如信息技术或者计算机专业的教师深入，那么，在信息时代的当下，是否有操作更为简洁而实用，能够满足小学科学教师课堂互动信息化需求的工具呢？答案是肯定的。互动的实现需要支持实现物理互动的硬件设备，也需要能够有效驾驭互动硬件的软件来共同完成。如果没有硬件支持，那么交互式课件的使用就变成了使用者站在电脑前，用鼠标点来点去，活动范围受限，对使用者也提出了计算机使用的基本要求，互动效果会打折扣。如果没有互动软件的支持，那么硬件也只是成为一块投影幕布，起到将电脑的画面呈现的作用，与互动无关。只有将硬件和软件有效结合起来，才能产生理想的互动效果。

---

❶ 唐文中，郭道明，李定仁. 小学游戏教学论［M］. 南昌：江西教育出版社，1995：1-12.

4.2.2.1　交互电子设备

（1）交互式电子白板。交互式电子白板的硬件系统核心设备有：电子感应白板、计算机、投影仪、感应笔。电子感应白板具备呈现信息的功能，能够起到黑板的作用，重要的是它具有接受感应笔触碰输入信号，并产生类似于计算机中鼠标点击、拖拽等操作的作用。使用者可以在电子感应白板前用感应笔直接通过触碰完成对系统内计算机的操控，可以调用计算机内的各种应用程序。

作为比较早期的交互式电子设备，交互式电子白板存在一些不足。投影仪灯泡使用寿命较短，需要定期更换，否则影响投影画面的亮度、清晰度；投影仪风扇需要定期除尘，否则影响散热系统，会出现使用期间突然自动关机启动过热保护状态；感应笔需要认真保管，对于多人共同使用的设备，往往这一点更需要注意。整体说来，后期维护投入较多。但是也有学者研究指出，与液晶显示屏相比，投影仪投影成像的原理是将影响投射到幕布或墙面上，利用光的漫反射，再进入人眼，相比于 LED 液晶屏幕，对儿童视力的保护能起到积极作用。

（2）触控一体机。与交互式电子白板系统相比较，触控式一体机不需要投影仪、感应笔，它的感应设备是类似于液晶电视的一块液晶触摸屏幕。甚至可以把它理解成放大了的、用数据线与电脑相连的第二块可触电脑屏幕，它的灵敏度更高，亮度更高，画面更清晰，而且触控式一体机一般都内置音箱。目前主流的一体机均采用液晶电容屏，使得在触控一体机上的触碰响应时间更短，位置更精确，而且不需要感应笔，直接用手即可完成触控操作。

（3）智慧黑板。智慧黑板是整合了普通黑板、触控一体机、电脑等设备于一体新型互动教学设备，目前市面主流的智慧黑板有安卓系统和 Windows 系统，有的同时内置两种系统可以随时切换，扩大了可实时使用教学资源的范围，也为教师课堂上呈现、使用移动终端资源提供便利。两边配有传统书写使用的黑板，将传统的黑板与教学触控一体机融合在一起。

4.2.2.2　交互课件制作软件

课件，英文 courseware，是由两个词组合在一起得来的，分别是 course 和 software，即课程+软件，对于课件的定义有很多，综合起来，只要是具有教育性、科学性、技术性、艺术性的，服务教学的计算机软件就可以称为课件。如果按照教学活动分类，可以分为演示型课件、练习型课件、娱乐型课件、模拟型课件等。目前在小学课堂，广泛用于开发课堂教学课件的软件主要有 PowerPoint、Flash、Focusky 等多媒体开发工具，这些软件在运用中各有优势，其中以 Power-Point 普及度最高。在 PowerPoint 中也可以结合 VBA 进行较为复杂的编程设计，实现高级互动，但是对于学科教师来说难度较大，所以这里选择交互式电子白板软件来实现课件的交互功能。

交互式电子白板软件通常是由交互式电子白板厂商开发的互动教学平台。随着教育信息化进程的推进，互动教学媒体环境普及度逐步增加，交互式电子白板软件的功能也在不断增强。它不仅针对信息化教学场景提供课件制作、互动授课等功能，还提供丰富的课件资源库和学科教学资源，并且资源是陆续更新的，为教师备课提供便利。交互式电子白板广阔的应用前景，使得它迅速普及于我国的中小学课堂。虽然目前国内交互式电子白板的种类很多，硬件及各种技术参数不同，但大多数交互式电子白板的功能都大同小异。接下来以"希沃白板5"为例，就交互式电子白板软件在交互式设备上实现的互动辅助功能进行介绍。以下介绍的所有格功能都是在课间放映状态下即授课时可以使用的功能。

（1）实时批注功能。PPT课件由于用鼠标控制播放，即使在放映时能通过右键快捷菜单中的批注功能在幻灯片上书写，但是用鼠标在PPT上写字实在不是一件令人愉快的事情。所以目前的PPT上的内容多为提前设计好的，在放映时不再对其内容进行实时批注。而使用交互式电子设备可以随时在画面上涂写，而且与传统黑板的书写方式更接近，使用者可以用手或感应笔在课件放映状态下随时进行标注，使学生快速、直观地获得知识信息。比如，在对比不同实验结果的图片上，随着分析在图片上圈标出重点区域。进行物体特征描述教学现场，随着与学生的互动交流，不断在呈现物体的图片旁边标注"颜色""轻重""软硬"等特征描述词。

（2）呈现内容局部放大功能。交互式电子白板软件具有局部放大功能，这个功能就像给老师了一个放大镜，可以随时将黑板上的某些内容进行放大，让教师在课堂教学过程中既要体现整体又要突出其中的细节的教学要求能够极其方便的实现。如果使用其他软件实现这个过程，需要准备两张图片，一张整体图，一张细节图，然后结合授课过程，在课件制作的环节进行设计制作，并且需要一定的技术。白板软件内置放大镜功能，可以轻松实现，对内容进行突出显示。

（3）聚焦功能。不同的交互式电子白板软件对此功能的具体工具叫法不同，有的称为探照灯，有的称为幕布功能，究其根本，都是用于突出重点，让学生的注意力聚焦在某处，而其他位置暂时遮起来或低亮度显示。

（4）放映状态下的移动功能。交互式电子白板软件制作的课件在白板上放映状态先可以随时对图片、图形等对象进行移动操作，只需要在屏幕上拖拽对象到目标位置放开对象即可。移动操作能够随时实现配对、分类等类型教学内容要求。

（5）复制、删除功能。在放映状态下，长按课件上的对象，下方会出现"克隆"的字样，点选"克隆"，此时对该对象进行拖拽，就是复制该对象。用这个方法可以轻松表现出物体由一变多的过程。长按对象，还有"删除"的操作，可以实时删除原对象或复制出来的对象。

（6）计时工具。在课件放映状态下，可以随时添加教学工具。比如，在探究教学过程中，有学生分组讨论环节，这是需要对讨论时间加以限定，此时，教师可以点开工具栏上的其他按钮，然后选择"计时"，这时就会弹出计时窗口，教师需要设计计时方式和时限，就开始自动计时，并在计时结束前做出提示。

使用交互式设备与软件，在教学过程中能够帮助师生互动顺畅，不用担心打乱课件顺序，能够灵活掌握课堂节奏，并将互动的过程课件上记录下来，用于教学反思。

下面以《垃圾分类》的互动活动环节为例，简单介绍交互式电子白板软件的运用。

在概念"物体具有一定的特征，材料具有一定的性能"的 1～2 年级学习目标中有这样的要求，要求学生能够根据物体的外部特征对物体进行简单分类。在教学实施过程中，教师可以设计物品分类的游戏，收集生活中各种各样的具有一定代表性的物体进行分类训练。在这里，笔者运用交互式电子白板软件设计以"垃圾分类"为例游戏进行信息化处理，不仅能够体现科学性、趣味性、互动性，同时还可以具有一定的竞技性，并且所有的分类训练这一类的游戏都可以运用这种方法进行信息化处理。交互式电子白板软件是交互式电子白板的配套应用软件，结合交互式电子白板的操作特点，具有实时互动复制、移动、遮罩等功能。

在分类训练类游戏中，正是运用了移动的功能，让学生在白板前直接用手指拖拽物品移动到指定分类区域，教师则可以通过观察学生思考后的操作过程，分析学生对分类标准的掌握情况。这里选择交互式电子白板作为创设互动环境的硬件环境。

游戏课件制作步骤：

第一步，搜索整理分类垃圾及各种垃圾桶图片，每物一图。

第二步，在交互式电子白板上创建课件。

第三步，在交互式电子白板软件上以图片形式插入所有物品图片。

第四步，分别插入各个垃圾桶的图片，并摆放在相应位置。

在游戏时，放映课件，学生只要拖动相应垃圾物品的图片至垃圾桶处即可。

4.2.3　实验信息化，增强有效观察

实践性是小学科学课程性质之一，通过实践让学生亲身经历或亲身参与到实践过程中，在实践中理解抽象的概念，在实践中掌握科学方法和科学知识，在实践中积累科学经验，提高科学能力。实验是物质领域教学的一种重要教学手段。实验要根据研究目的，使用仪器、设备，人为创造、控制某些物质领域的变化过

程，并且能够控制干预过程，使之按照预期计划进行，同时在尽量避免干扰的情况下进行观察和研究，以探究物理、化学现象，总结规律。实验也是检验科学理论的标准。实验作为常规性实践活动中的一种，深受学生的喜爱。不论是教师的演示实验，还是学生的小组实验，对实验过程、实验现象的有效观察，对纠正学生的错误概念，加深学生对自然界的理解，具有重要意义。同时有效的观察还是探究合作的基础，所以教师需要借助信息化媒体工具，在教师演示实验过程中，将实验过程数字化，让每一名学生都能够清楚地看到实验的每个环节，在学生实验时，教师可以借助信息化工具将有代表性的实验过程、实验结果记录下来，回放，便于分享、讨论、总结。

信息技术在小学科学课堂的最佳使用应该是在教学过程中与教学融为一体，成为拓展教师语言、肢体表述的有效工具，结合信息技术的特点与优势，能够提高学习效率与教学效果。信息传递的高效性，这个是现代信息技术的特点之一，如果能够在实验课堂上被灵活运用，那么，就会对提高学生学习兴趣、关注学生的学习情感、增强学生的学习效率非常有帮助。

实验强调基本仪器、基本工具的使用，要让学生通过教师的讲解与操作，掌握这些常用仪器、工具的工作原理、结构以及使用方法，培养学生的观察能力、操作能力和思维能力。

在实验过程中还要突出学生的主体地位，通过实验激发学生的好奇心，让学生产生学习的主动性、自觉性。

4.2.3.1 提升演示实验的可视度

课堂演示实验是小学科学在物质科学领域实验教学的重要组成部分，它不仅是建立物质科学概念和规律、理解和掌握物理知识不可缺少的环节，还能培养学生的观察能力、思维能力、探索精神以及良好的学习方法。演示实验是为了达到一定的教学目的而做给学生看的实验。

指导学生对演示实验的观察与分析，可以使学生获得生动的感性认识，从而更好地理解和掌握物质科学概念和定律，演示实验可以培养学生的观察能力和思维能力，可以使学生对物质科学现象获得生动、深刻的印象。此外，教师的演示对培养学生的实验技能和素养也有一定的示范作用。在做这类实验时，要求学生明确实验目的，练习合理的操作方法和程序，设法让每一个学生看清楚实验现象和数据，边实验边讲解，引导学生观察，思考。比如，对于酒精灯的认识，在实验过程中，要通过教师的讲解与演示，让学生知道在点燃酒精灯前要确定酒精灯的灯芯是否平整，如果因为之前的使用导致烧焦或者不平整，要用剪刀进行修整；检查酒精灯内的酒精，要介于酒精灯容积的三分之一与三分之二之间，并在点燃前进行添加，绝对禁止向燃烧着的酒精灯内添加酒精；禁止用一个已经点燃的酒精灯去点燃另一酒精灯；实验时观察酒精灯的火焰，明确火焰的外焰、内焰和焰心，知道要用外焰给物质加热；熄灭酒精灯要用灯帽盖住，不能用嘴吹灭酒精灯。整个过程既要求学生听得清楚，还要让学生看得清楚，能看清楚火焰的颜色区别。对于目前我国小学的班级来说，绝大多数的班级都达不到这个标准。而对于大班额小学班级，一个班四十多人，即便教师站在讲台上演示，教室后排的学生也很难看清楚实验过程。而实验仪器又不可以携带着走遍教室的每一处，以便让每一名同学都看清楚，不仅实验安全不允许，教学时间也不允许。此时我们需要采取信息化手段，将实验过程的可视化提高，将实验过程影像实时投放到大屏幕上，甚至按需要将实验现场的局部进行特写化放大，让所有人都看清楚细节。如何实现这样的效果呢？

（1）实物展台的运用。实物展台又称为视频展示台，是多媒体辅助教学常用设备之一，可通过连接投影机、计算机等显示输出设备。实物展台的主要功能是将实物投影，它的核心部件是一个高分辨率的摄像头，这个摄像头能够向各个方向转动，还能以镜头为轴线作360°旋转，镜头上还设有调焦功能。它可以进行教具、标本、照片、书本资料的投影，将实物生动逼真地投影到大屏幕上；还具备对实验过程的同步、实时展示功能，让学生能清楚地观察到教师的操作过程和有关的实验现象、结果，同时还能够把教室内学生的现场情景投影到大屏幕上。运用实物展台辅助教学，教师可以不必在黑板上抄写题目，节约板书时间，增加课堂容量，提高教学效率。学生练习后也可以利用展台将学生的练习结果加以展示，现场评改，而且不受时间、空间的限制。实物展台的这些功能令传统教学望尘莫及。

在小学科学课堂上的总结、分享环节，可以使用实物展台来放大呈现学生的结论、作品，协助学生自信满满地交流。在观察较小物体时，可以将它放在实物展台上，投影出物体画面，甚至可以调焦进行局部特写展示便于引导学生观察。在没有课件、挂图等图像呈现工具时，可以将教科书上的插图用于实物投影，起到将插图放大呈现的作用，虽然效果不如经过加工的图像素材，但是比教师完全口述还是要具体、形象得多。

（2）同屏显示。手机由单纯的通讯设备逐步发展成综合处理信息的智能移动终端，智能手机的硬件和软件在不断的发展，尤其是软件功能类型之多，涉及的应用领域之广泛，使手机在人类改变生活和学习中起到巨大的作用，曾经也有专家预言，最终改变人类教育的可能是手机。普及率几乎达到每人一台的手机，在课堂教学中也可以充当实物展台的角色，而且比实物展台使用的时候角度控制更灵活，同时在计算机远程控制方面表现得尤为出色。教师不仅可以把手机作为摄像头一样将拍摄画面通过计算机在投影仪上直播或回放，还可以利用手机控制在电脑中运行的程序，比如用手机控制PPT放映的进程、翻页等。早在计算机操作系统处于 DOS 时代，就已经开始研究远程控制计算机技术，但是受限于操作系统、网络基础这一系列的功能需要同屏技术的支持。

同屏技术属于新型技术，发展历史并不悠久，但是发展速度较快。利用手机实现同屏，构建同屏系统，在技术上一直受手机发展的限制。目前智能手机市场上的智能手机操作系统主要有 Android 和 IOS 两种，而这两种操作系统没有统一的技术标准，你会发现二者之间的软件不通用。早期苹果、谷歌、微软等公司都根据自己的产品，各自开发了自己的同屏服务系统，现在同屏系统的发展速度非常迅速，而且功能也在不断变强，甚至各视频播放工具软件也具备了同屏功能，比如，在优酷视频终端放映影片时，点击右上角的"TV"小图标，就会自动搜索同局域网内显示设备，选择相应设备就可以实现将手机放映内容实时投映到电视、投影仪等显示设备上。随着技术的不断更新发展，目前同屏技术的播放效果更加清楚、稳定，网络延迟时间更短，使用更方便。

为满足相关资源利用的需要，远程控制技术在 DOS 时期就开始得到发展，当时主要是通过网络登录来控制远程计算机，由于没有图形界面，且网络基础设施不够完善，网络带宽也不够，远程控制技术相当不成熟。随着网络基础设施的发展和基于桌面操作系统的大面积应用，远程控制技术也得到了迅速发展。远程桌面控制系统存在着一对一模式，也存在一对多的模式，由于远程桌面控制系统的实现需要很多技术的支持，受到软件、硬件等多方面的影响，如受到网络带宽的限制、传输安全性影响、流媒体传输控制等多方面的因素限制。

第一步，安装软件。用教室里与投影仪连接的电脑打开希沃软件下载网页，网址：https：//e. seewo. com/。在"希沃授课助手"板块点击"下载软件"，此时会弹出一个小窗口，让使用者选择下载类型。此时手机作为发射端，需要扫描二维码，下载安装手机端。教室里连接投影仪的电脑，作为接收端，要下载电脑端。下载并安装。

第二步，首先要确保手机端和电脑端连接在同一个网络下，如果教室内能搜索到 WiFi，将手机和电脑连接至同一 WiFi，如果教室内没有 WiFi，可以打开电脑端，启动热点，然后将手机连接到这个热点上，创设同一网络的条件。此处需要强调，如果教室的电脑是台式机，利用网线上网，那么热点创建不会成功，需要给电脑安装一个无线网卡及驱动程序，才能让台式机创建热点。如果是笔记本电脑基本不需要考虑这个问题。

第三步，启动电脑端希沃授课助手，在工作界面自动产生二维码，同时可以设置连接密码，防止其他同时使用用户接入错误。

第四步，打开手机希沃授课助手，点击"扫描连接"，连接成功后，选择"移动站台"，此时，手机就相当于实物展台的摄像头，选择"直播"，可以实时在大屏幕呈现当前手机摄像头拍摄的画面，仍然以酒精灯使用为例，可以将手机移动到酒精灯火焰近处，注意将手机摄像头焦点对准火苗以便保证投影在大屏幕上的画面足够清晰，便于观察。手持手机，画面容易发生抖动，需要将手机固定保持画面稳定性。建议配合使用手机支架，这样更有利于长时间稳定直播实验过程。

4.2.3.2　打破时间与空间的限制

实验不同于教材内容，实验操作是有时限性的，不论在课堂还是在实验室，不论教师演示实验还是学生分组操作实验，每次实验的过程中出现的现象都不会完全相同，而且影响实验结果的因素有很多，相同的实验目的、实验要求，不同的实验者可能会出现不同的实验结果，如果能够打破时间和空间的限制，让不同的人不同时间做的实验在指定的时间地点再现，将更有利于学生对实验经验的积累与分享，而且对实验原理、方法体会更加深刻。

在没有同屏技术实施的环境，可以使用摄像设备或者手机，将实验过程影像录制下来，然后使用数据线将视频复制到电脑中，或者在电脑中直接打开视频，再通过大屏幕展示给所有学生观看，如果需要，可以拖拽进度条反复观看。虽然这种方法还是不能完全打破时间限制，但是已经突破了空间的界限。如今有了同屏技术的支持，只要有网络，有计算机，有手机，教师可以成为实验现场的记录师、直播员，将每一个实验精彩瞬间、具有代表性的实验结果以视频或图像的方式记录下来，随时能够在大屏幕上分享，真正做到打破时间和空间的限制。比如，在认识土壤由什么组成实验中，学生通过将实验用土壤导入盛水的烧杯中进行搅拌，静置一段时间后，观察烧杯中的分层情况，探究土壤的组成。在实验过程中，教师可以用手机对各小组分层结果拍照，此时不需要考虑网络等因素，只要抓拍代表性瞬间即可。实验结束后，按照前面同屏显示中说的步骤进行操作，在第四步，打开手机希沃授课助手，点击"扫描连接"，连接成功后，选择然后选择"手机屏幕同步"，选择播放质量，如果网络设备基础较好，信号稳定，建议选择点击"高清"，否则选择点击"流畅"。此时手机屏幕上的画面就会同步显示在计算机上，也就会由投影仪投放到大屏幕上。教师可以使用手机看图软件，逐一浏览刚才拍摄的照片，此时大屏幕上就会同步显示手机上显示的画面。这种将刚刚发生在学生身边甚至自身的实验经历再现到大屏幕上的方法，对小学生来说不仅有趣味性而且很有实际意义，不仅能够达到实验教学目的，更能激发学生的学习热情，帮助学生回顾亲历过程，加深印象。

4.2.4　数字科技馆，丰富教学资源

国务院办公厅印发《全民科学素质行动计划纲要实施方案（2016—2020 年）的通知》中要求提高保障科普基础设施的能力，促进学校科技教育和校外科普活

动的有效衔接，大力开展学校内外相互联动的科技教育活动，充分发挥校外教育的推动作用，促进建立校内与校外、正规与非正规相结合的科技教育格局。

科学技术馆简称科技馆，是以科学技术为主要宣传内容的展览馆，向大众弘扬科学精神、普及科学知识、传播科学思想和科学方法，是科学教育的主阵地。科技馆主要以陈列展览、讲座、互动式体验、组织报告会等形式开展科技教育活动。在小学科学教育中，运用科技馆的陈列馆开展科学教育能够化抽象为具体，使原本不可见、不可感知的抽象概念化成具体实物，便于学生直观感受和观察，加深小学生对科学知识的理解与记忆。有的场馆将科学原理的具体应用案例呈现在学生眼前，并设计成可以操作的装置，让学生在实际操作中感受原理，这比单纯使用教材，让学生从纸面上理解要深刻得多。而且，每一个应用案例都不是单一的原理应用就能实现的科技产物，必然涉及多领域科学知识，无形中在一个应用案例里让学生通过展馆的展品储备更多领域的知识。科技馆作为青少年教育中校外教育的主要场所之一，在小学科学教育中起到重要作用。作为重要的校外科技教育场所，能够对校内科学教育起到重要的补充作用。然而，在科技馆开展校外科学教育活动，会受到多方面因素的影响，首先一点就地理位置因素。对于偏远地区的小学生而言，作为科学教育的补充，学校组织学生去一趟北京的科技馆几乎是不可能的。2018 年度全国科普统计数据显示，2018 年，全国共有包括科技馆和科学技术类博物馆在内的科普场馆 1461 个，平均每 95.51 万人拥有一个科普场馆。虽然我国对全国科普工作重视程度不断提高，投入经费也在逐年增加，然而短期内也很难做到科普教育资源的全国均衡发展。

信息化与科技馆的结合，使科技馆产生了多种形态。结合信息技术创作数字化展品的数字馆，比如，故宫端门数字馆。这类数字科技馆利用互动技术、虚拟现实技术让科技馆的实物展品"动"起来。利用信息技术尽可能全面的携带每一个展品的全部信息，增容信息传递量。

网络技术不断发展，出现了在线科技馆。在线馆是将科技馆部分或全部场馆的数字化内容迁至网上。在线馆的出现扩大了场馆的服务范围，为小学科学教育提供了丰富的教学资源。以中国数字科技馆为例。中国数字科技馆是中国科协、教育部、中科院共建的一个基于互联网传播的国家级公益性科普服务平台。网站主页导航条共有"资讯""专题""活动""科技馆""兴趣圈""音视频""游戏""虚拟现实""直播""知识库"10 个主菜单。作为全国性网络科普平台，已有 55 家科普机构入驻，40 余家科普期刊加盟，以图文、影音、虚拟现实等多种媒体形式，向公众提供在线浏览、资源下载、交流互动等服务。并且提供站内搜索功能。以搜索太阳能应用相关资源为例，点击搜索图标，输入"太阳能"进行搜索，选择搜索类型为"图片"共搜索出 4 条资源，选择"太阳能点亮生活"，得到太阳能应用图片 8 张，每张图片都配有简要说明，方便理解。

另外，"虚拟现实"主菜单下的"遨游中科馆"和"虚拟地方馆"，将科技馆中的各个展区移至线上，教师可以在课堂上带领学生浏览科技馆，结合课程内容，观察讲解科学知识，让学生开阔眼界，提高学习兴趣。如图 4-7 所示虚拟场馆画面。

图 4-7 虚拟地方馆中黑龙江科技馆"从煤到电"展厅画面

4.2.5 虚拟仿真实验，弥补实验课缺失

4.2.5.1 希沃白板仿真实验

在前面 4.2.2 节，我们介绍了使用希沃白板软件制作交互式课件，现在我们仍然使用希沃电子白板软件，利用它的学科用具，进行仿真实验。希沃白板软件的学科工具提供了数学、化学、英语、语文等各学科的教学工具，比如，化学元素周期表、函数、汉英字典、四线格、数学画板等，还有仿真实验。

目前希沃白板 5 版本的仿真实验一共有声现象、光学、电学、能量、力学 5 个领域的 20 个仿真实验，全部免费在白板软件中使用。声现象里有"真空罩中的闹钟"1 个仿真实验；光学里有"小孔成像""探究光折射时的特点""色散""探究凸透镜成像的规律""观察色光的混合现象"5 个仿真实验；电学里有"电荷在金属棒中的定向移动""蹄形磁铁的磁场分布""通电螺线管的磁场是什么样的""电磁铁的磁性""让线圈转起来""线圈不能连续转动""换向器"7 个仿真实验；能量里有"空气推动塞子时，内能减少""观察点火爆炸现象"2 个仿真实验；力学里有"密度与温度""液体内部只有向下的压强""托里拆利实验""测量纸锥下落的速度""探究浮力大小与排开液体所受重力的关系"5 个仿真实验。在实验中有实验目的、实验原理、实验器材、实验步骤、实验结论，并且有控制实验的各种按钮，有的是文字形式，有的是图标形式。实验场景中的实验器材按照实验设计可以移动，在实验过程中，会根据实验操作产生实验现象。

下面以"真空罩中的闹钟"为例（效果如图4-8所示），介绍希沃白板仿真实验使用步骤。

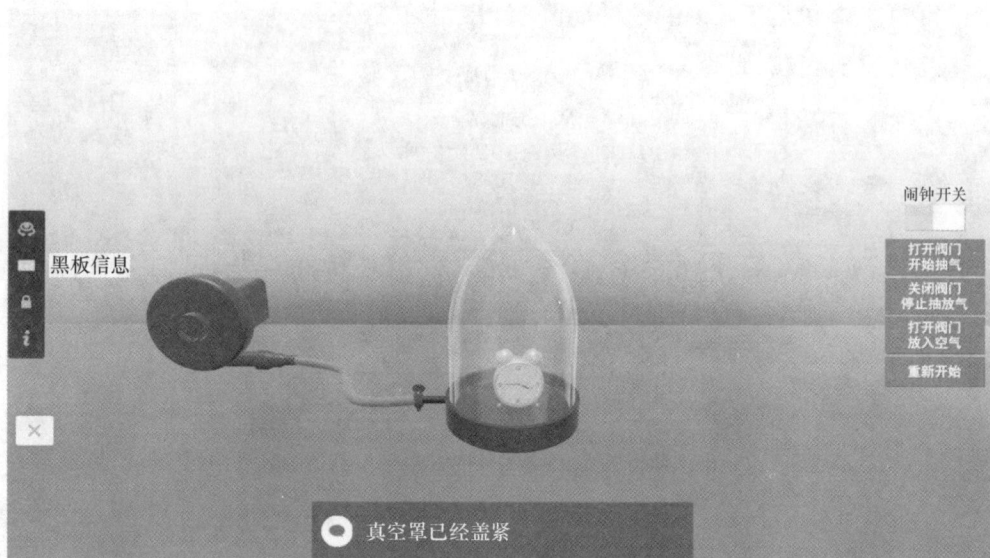

图4-8　希沃白板仿真实验"真空罩中的闹钟"

第一步，在希沃白板5软件中建立课件。

第二步，点击"学科工具"，选择"仿真实验室"，打开仿真实验室对话窗口。

第三步，点击"声现象"，选择仿真实验"真空罩中的闹钟"，点击窗口右下角"插入实验"。插入实验后，在课件上实验只是以一张缩略图的形式放置在那里，可以根据课件内容排版需要调整该图的大小，不影响仿真实验画面，如图4-9所示。

第四步，按"shift+F5"组合按键，放映当前页，在放映状态下点击打开实验，测试仿真实验。左侧"黑板信息"按钮是实验目的等信息的控制开关，实验前和实验后可以打开黑板信息进行实验讲解和总结，在实验中可以将黑板信息关掉，方便操作。

4.2.5.2　NOBOOK虚拟实验室

北京乐步教育科技有限公司是一家K12课程教育软件开发及互联网智能平台教学建设提供商，开发的NOBOOK虚拟实验室是用互联网革命K12学校内的实

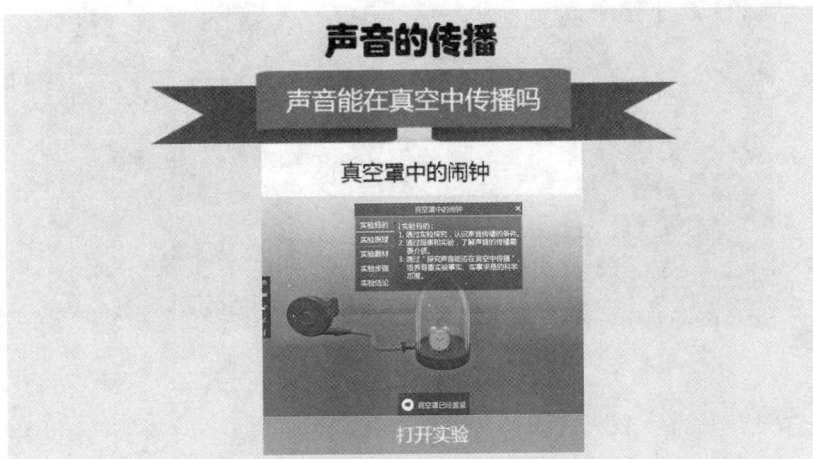

图 4-9　课件上仿真实验的缩略图

验室。虚拟实验室里包括物理、化学、生物、小学科学等多个学科的虚拟实验室。其中 NB 物理实验学生端涵盖了初高中主流教材中的电与磁、力学、光学、热学、声学、家庭电路、力与运动、近代物理等内容，所涉及的器材共计 300 多种，能够实现上万种物理实验操作与演示。NB 化学实验学生端虚拟 100 多种实验器材和 200 多种药品，学生可以自主虚拟化学实验上万种。在实验条件不具备的情况下，可以使用虚拟实验室开展实验教学，激发学生对实验的学习热情。下面以 NB 物理实验学生端为例介绍使用方法。

第一步，下载和安装。NB 物理实验软件有电脑端和手机端，用户可以根据自己的需要选择使用终端，下载并安装。软件里面的常用器材是免费的，其他器材需要付费购买。

第二步，打开软件，可以做有关电与磁力学、光学、声学、热学、近代物理、家庭电路、力与运动等实验模拟，选择"电与磁"。

第三步，开始实验。在右侧物品栏选择实验物品，并按实验需要逐个拖拽至中间工作区。注意这是一个仿真环境，要按照实物实验的步骤进行实验。比如，连接一个简单电路，在电路中会显示电流方向，在操作过程中要注意导线接触点的连接，需要点击实现连接。正确连通电路后，小灯泡才会亮起来，如图 4-10 所示。

4.2.5.3　优秀物质科学微信公众号

随着微信的普及，微信公众号的发展也极为迅速，其中不乏一些为教师提供优秀教育资源的优质公众号。它们有的能提供前沿资讯，有的专注于学科教学改革，有的提供教学资源，关注一些高质量的公众号对教师专业成长有很大的帮助。

（1）中科院物理所。公众号简介：物理所科研动态和综合新闻；物理学前

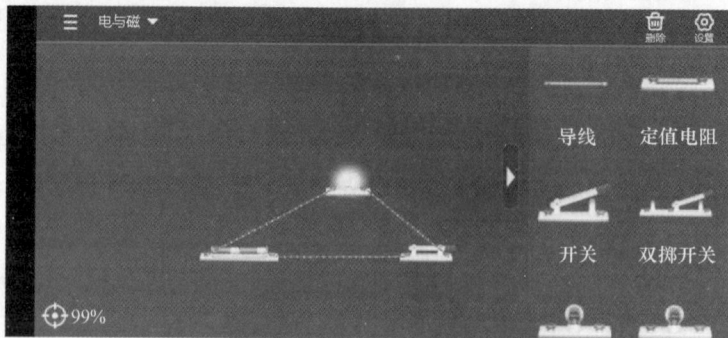

图 4-10　虚拟实验室点亮小灯泡实验

沿和科学传播。微信号：cas-iop。账号主体：事业单位，中国科学院物理研究所。内设发现、找文章、物理所 3 个版块。其中在发现版块里的"正经玩®"用视频活动图的形式演示生活中的物理小实验，可以为教师开发设计课堂小实验以及实验改良提供灵感。"找文章"版块里的推文，图文并茂，内容充满科学性和趣味性，紧密地与生活联系在一起。

（2）酷炫化学实验室。公众号简介：依托中国科学院上海有机化学研究所，传播化学知识，弘扬科学精神。微信号：gh_1c078412ee27。账号主体：事业单位，中国科学院上海有机化学研究所。内设酷炫化学、志愿活动、科普文章 3 个版块。其中酷炫化学板块内的《我们需要化学》用视频的方式讲述生活中的化学，《化学萌萌说》用文字配以卡通图介绍着生活中无处不在的化学应用。这些资源丰富小学科学物质科学领域的拓展教学，让科学知识学习与生活紧密结合在一起，学科学，用科学。

4.3　应用案例

4.3.1　案例：垃圾分类

课题	垃圾分类	教学对象	小学低年段学生	课型	科学讨论课
学情分析	低年级的学生对于垃圾污染环境的现象以及垃圾分类是有一定认识的，但对于具体的垃圾如何分类学生回答起来是有困难的。教师需要给学生一些例子作引导，启发学生思考并利用现代教育技术手段创设丰富的活动帮助学生掌握垃圾分类的方法。				
教学目标	（1）知道垃圾的分类，认识垃圾分类的标志，认识垃圾分类的重要性。 （2）认识垃圾是宝贵的再生资源，初步学会垃圾分类的方法。 （3）树立节约资源和保护环境的意识，以实际行动做好垃圾的分类。				
教学重点	学会正确地分类垃圾，合理地处理垃圾。				
教学难点	从自我做起，带动身边的人正确地分类垃圾。				

续表

教学准备	教师准备：多媒体交互课件、高年级学生编程游戏。 学生准备：变废为宝制作材料。		
教学环节	教学内容	师生活动	设计意图
聚焦	动画引入本课主题	师：多媒体播放动画同学们你们看到了什么？地球发生了什么事情？ 生：地球上有好多垃圾，地球生病了。 师：你知道怎么做去帮助我们的地球吗？ 生：我们不乱扔垃圾进行垃圾分类。	利用多媒体动画引入本课主题，吸引学生兴趣。提出问题，引发学生快速聚焦进行思考。
探索	垃圾分类知识科普	师：你知道垃圾如何进行分类吗？ 生：说说自己知道的分类。 师：运用交互课件情景科普剧科普垃圾分类标志及如何分类。	利用多媒体交互课件创设垃圾分类情景剧，帮助学生正确地进行垃圾分类。
研讨	垃圾分类交互挑战	师：通过刚刚的学习你有什么收获？这里有四个不同颜色的垃圾桶分别装什么类型的垃圾？小组内讨论一起做一个垃圾分类吧。 生：组内讨论进行分类。 师：请一个小组汇报。 生：在白板上进行交互垃圾分类汇报。 生：其他小组进行纠正评价。 师：总结。同学们高年级的哥哥姐姐为你们带来了一个小礼物，一个垃圾分类的编程小游戏，你敢挑战吗？ 生：进行垃圾分类编程小游戏挑战。	（1）利用交互课件的交互功能开展生生间以及师生间的交互垃圾分类活动。通过小组间不断研讨夯实垃圾分类知识。 （2）高年级学生的编程游戏，让学生初识信息技术的应用广泛，通过游戏检验学习。
拓展	变废为宝小制作	师：在生活中有很多垃圾可以二次利用，作为一名小学生你有什么创意？ 生：思考讨论并进行设计制作。	学以致用，鼓励学生大胆创新，变废为宝。

本课为小学低年级科学主题式拓展性课程，在课程设计上以学生个性发展为出发点，基于课程标准和现有教材，体现科学学科特点。因此本课设计从以下三方面加以实施：

（1）围绕社会热点主题，建构课程体系。垃圾分类是近年来社会上的热点话题，垃圾分类意识应从小培养。

（2）在拓展性课程开展过程中，巧妙借助信息技术，目的是打破常态课的时空界限，优化学生的活动方式，通过交互课件不断夯实如何正确进行垃圾分类这一教学重点。让学科回归生活，不断提高学生学科素养。

（3）加强学科整合，拓展课程内容。学科整合策略是指课程开发者通过把不同学科的内容知识之间的相互联系进行有机整合，改变各学科分割教学所造成的知识支离破碎的状态，将学生知识技能与思维发展、理论与实践、感性与理性进行辩证统一，变封闭教学为开放教学，引导学生建立开放的知识结构，形成立体综合的知识网络。在本课设计时将科学、美术设计与制作等关联学科融入其中。

4.3.2 案例：简单电路

课题	简单电路	教学对象	小学四年级学生	课型	实验探究课
教材分析		本节课是在使用电路元件（电池座、小灯座）连接简单电路的基础上，尝试设计并进行连接串联、并联电路使更多的小灯泡亮起来，也获得了更多的建立电路的经验。			
学情分析	四年级的学生有着很强的探究欲望和动手能力，可在实际操作中，学生怎么连小灯泡都不亮，可电路图的设计是没有问题的，那为什么连接的电路不亮呢？那原因可能就是存在着隐性的电路故障，可是学生判断不出来问题出在哪里，学生们的第一反应就是再连一遍，可是还不亮的时候，就怀疑电路设计有问题，再反复地进行操作，这样就浪费了许多时间，降低了课堂效率。移动终端引入课堂实验操作区域、材料区域，随意的拖拽想使用的材料，进行电路连接，当电路连接完整形成电流回路后，小灯泡亮起来了，而且学生还能看到电流的流动方向，深入地建立了回路的概念。				
教学目标	科学概念目标： （1）一个简单电路需要一个能持续提供电能的装置——电池。 （2）电从电池的一端经过导线和用电器返回到电池的另一端，就组成了一个完整的电路。 （3）使用相同的材料，电路可以有不同的连接方法。 过程与方法目标： （1）用更多的方法和材料点亮更多的小灯泡。 （2）观察、描述和记录有关的实验现象。 （3）用简单符号表示一个电路的不同部分。 情感态度价值观目标：激发对电探究的兴趣。				
教学重点	使用相同的材料，电路可以有不同的连接方法。				
教学难点	用更多的方法和材料点亮更多的小灯泡。				
教学准备	小灯泡、灯座、电池座、导线、电池、移动终端（平板电脑）、虚拟实验室 APP				

续表

教学环节	教学内容	师生活动	设计意图
聚焦	复习引入 快速聚焦	师：上节课你是怎么点亮小灯泡的？ 师：能把双手解放出来吗？出示电池座，灯座。 生：连接实物电路。 用平板电脑虚拟实验室同时连接。	从实验中认识电流回路，突破重点。
探索	实验探究 找寻证据	师：你能让更多的灯泡亮起来吗？ 学生小组实验探究 （1）设计能让两个小灯泡亮起来的电路图（串联、并联）。 （2）连接实物电路。 （3）用平板电脑连接实物模型电路。	利用虚拟实验室以模拟电路指导实物电路连接。帮助学生初步理解电路的连接方式突破教学难点。
研讨	讨论交流 发现新知	生：小组讨论分析现象。 师生：讨论串并联电路的特点。 生：用平板电脑中的实物模型连接更多电路，比较特点。	通过交流分析初步发现串并联电路特点。利用虚拟实验室探索更多电路，找寻证据比较特点。
拓展	学以致用	师：出示生活中的电路连接。 教室内的电灯连接电路可能是什么样的？	理论联系实际，把知识应用到生活中。

该案例选自《科学》四年级下《电路》单元第三课。本课由实物模型电路指导实物连接，突破教学重难点。移动终端引入课堂的教学效果如下：

（1）帮助学生认识到故障电路并指导学生自主学习。

在学生们最初连接电路的时候，在老师的指导下连接出正确的电路，建立起正确的电路模型。可是由于电路中存在的一些隐形的电路故障，比如连接点的不牢固、某个电路元件的质量问题，这些原因造成了小灯泡的不亮，这样，就不便于学生建立正确的电路模型。所以，在连接实物电路的同时利用移动终端进行实物模型连接，只要设计正确，小灯泡就会亮，不存在元件或者故障问题，更方便于孩子们建立正确的电路模型。同时，学生组内能及时地调整实验电路，促进了学生学习的自主性，也为下节课电路会出现故障做铺垫。

（2）架起实物连接与实物电路图的桥梁。

学生自己动手选取、摆放、连接实物模型的过程，也是培养学生设计实验能力的过程，平板电脑的使用架起实物连接与实物电路图的桥梁，它比实物电路图更直观，只要连接对了，小灯泡就可以亮了，然后逐渐帮助学生从实物电路图再转化为电路图的过程，易于物理模型性思维的建构。

（3）能尝试更多的电路，提高课堂效率。

学生还可有更多的尝试，比如两节电池的串并联、两个电池的正负极的摆放、三个电池点亮一个灯泡等，通过观察灯泡的亮度发现电路的更多特点。

（4）移动终端的特殊功能可增强师生的及时互动。

教师机和学生机可以实现同屏或分屏的功能，教师可以及时了解学生的学习情况，及时进行评价，通过摄像头拍摄的功能可以让学生增加组与组之间的交流。并且，学生自己的实验记录也可以保存，为以后的学习留存证据做比较。

5 生命科学领域信息化教学策略

生命科学同样是小学科学课程中的一个重要领域，涉及动物学、植物学、微生物学以及生物与环境等内容，在生命科学领域同样需要帮助学生形成6个主要概念，这部分内容对培养小学生生物科学素养具有重要的价值和意义。

5.1 生命科学领域的教学内容分析

基础教育阶段生物学教学内容，一般都选择感性的、比较浅显的、侧重生命现象的生物学基础知识，以及生物与人类的关系。至于生命活动规律之类较复杂的内容，一般安排在高中阶段学习。在生命科学领域的课程内容方面，2017年版《义务教育小学科学课程标准》与《全日制义务教育科学（3～6年级）课程标准（实验稿）》相比，做了精简工作，一方面避免与初中生物学课程内容的重复，另一方面也适当地降低了课程难度。

5.1.1 对"生物"的认识

在学习时，首先，学生要列举身边常见的生物，尝试区别生物和非生物，并初步归纳生物的主要特征。其次，在此基础上进一步区分植物和动物，尝试归纳各自的共同特征，初步建立植物和动物这两个重要生物类群的概念。再次，学生还会发现，同一种动物或植物在形态结构上也会存在个体差异，这种差异就是生物变异的重要表现。而对于微生物这一生物类群，由于大部分微生物个体微小，不易观察和辨认，因此，在小学阶段仅要求学生初步了解微生物与人类生活的关系。最后，学生要通过观察，初步认识到绝大部分生物体都是由细胞构成的，即细胞是生物体的基本组成单位。从以上分析可以看出，这一概念主要是要求学生通过个体特征的描述，进行比较和归纳，理解不同生物类群的主要特征，同时还要找到不同生物类群，以及同种生物不同个体之间的差异，从而初步建立生物多样性的概念。

5.1.2 对"植物"的认识

学生在学习时，首先，应该从生活经验出发，说出植物生存需要的基本条件，如水、阳光等。其次，从植物体的结构层次的角度，了解个体的基本构成及其相应的主要功能，特别是认识到植物体可以通过绿色叶片自行制造生存所需的养分。再次，从个体生命周期的动态视角，认识植物体一生所经历的不同阶段。

最后，从个体与环境相互作用的角度，认识植物体在形态结构等方面的不同特点可以使其适应环境，以维持良好生存状态的需求。

5.1.3　对"动物"的认识

在学习时，学生应该从生活经验出发，说出动物可以通过不同的器官（如眼、耳、鼻、皮肤、四肢、鳃等）感知外界环境的刺激，了解这些器官的主要功能。学生还应进一步理解动物需要从外界获得营养物质以维持自身的生存，这也是区别于植物的主要特征之一。从动物行为变化的角度认识动物对环境变化的适应，例如迁徙、毛色在不同季节的变化等，这些都是动物适应环境变化时在行为方面所发生的变化，其根本目的是维持良好的生存状态。

5.1.4　对"人"的认识

学生在学习时，首先应该从自身的外部结构出发，说出人体与外界环境传递信号的重要器官，如眼、耳、鼻、舌、皮肤等，了解这些器官可以帮助人体感知外界环境的刺激，有助于趋利避害。其次，认识人体的内部器官，例如与呼吸和消化相关的器官，初步认识这些器官的主要功能。再次，由于脑科学的发展非常迅速，加之脑是人思想和行为的控制中心，因此，学生还要了解脑的主要功能，并在生活和学习中学会保护脑。最后，学生要从健康的角度认识到生活习惯和生存环境对人体健康的影响，以帮助他们认识到养成良好生活习惯、保护环境对人体健康的重要性。

5.1.5　对"生命现象"的认识

学生在学习时，主要是从繁殖、遗传、变异和进化等方面理解生命现象。对于学生来讲，他们最熟悉的就是生物生死现象。因此，在学习过程中，首先由此入手，使他们进一步认识到生死之间有不同的发展阶段。其次，在此基础上进一步思考生物是如何世代延续的，这就过渡到了繁殖产生后代这一话题上，通过学习，了解不同的繁殖方式，例如有性生殖、营养繁殖、胎生、卵生等。在此过程中，还可以进一步发现后代与亲代，以及后代之间都有许多相似之处，也有差异性，这也就是遗传与变异现象。最后，学生要从长时间轴的角度理解生物从古至今的发展历程，即生物进化。

5.1.6　对"人与自然"的认识

学生在学习时，需要从不同生物之间，以及生物与环境之间的相互关系理解生物多样性是如何保持的，即理解生态系统各成分的关系。首先，应该从生物成分的角度理解动植物的生存条件，明确二者意见的共性和不同之处。其次，理解动物与植物，以及与其他动物之间的相互捕食关系，即食物链和食物网，这是生态系统的营养结构基础。最后，理解生态系统的任何一个成分发生变化时，其他成分都会发生变化，尤其是理解人类活动对动物、植物和环境产生的负面影响，使学生逐渐形成环保意识。

5.2　生命科学领域的教学策略

5.2.1　数码显微镜，将微观世界的窗口放大

小学科学课生命科学的实验，是小学生认识生命世界的重要途径。生命科学的产生和发展也离不开生物实验。生物实验不仅有宏观方面的内容，还有微观方面的内容。显微镜出现，让人类发现探索微观世界成为可能，在小学科学课中，已经初步涉及显微镜的认识与使用，引发学生对微观世界的探索欲望。教科版科学六年级下册《用显微镜观察身边的生命世界》，既要学习显微镜的使用方法，还要了解微观观察，做图画纪录。但是由于实验室条件限制，对于显微镜的认识，教师已经采用演示实验介绍的方式，学生更无法达到人手一台进行微观观察的实验效果。微观世界的观察也只能用图片、视频进行教学。

不仅限于显微镜的使用，在小学科学生命科学领域，将微小生物进行放大观察，对学生观察能力训练以及探索精神的培养都有很大的帮助，也为初中更进一步进行微生物世界的实验打下伏笔。

如果硬件条件充分，我们更希望学生能够在实验室开展亲历观察实验，如果硬件环境不充分的情况下，我们建议可以使用数码显微镜来弥补。一个班级使用一台数码显微镜，将观察画面投影在大屏幕上，所有人都可以清楚看到。

数码显微镜有很多名称，如视频显微镜、电子数码显微镜，它是将显微镜看到的实物图像通过数字和模拟信号转换，使其成像在显微镜自带的屏幕上或计算机上，主要应用于教学。数码显微镜的主要好处在于：传统的光学显微镜只能供一人使用，要分享显微镜的影像很困难，而要拍摄显微镜内的影像，也往往需要用到特别的仪器帮助。然而，数码显微镜由于可以与电脑接驳，使显微镜内的视像可以透过连接到课室的投影机播放，使课室内的学生可以一同观看影像，对课堂秩序的管理也有帮助。根据数据显示方式不同可分为两大类：自带屏幕数码显微镜和采用计算机显示的数码显微镜，这里我们以连接计算机显示的便携式数码显微镜（如图5-1所示）为例。

这种数码显微镜相较于台式数码显微镜，更加便携，操作灵活，可以在任何地方显微。在网络购物平台输入"数码显微镜"，搜索出来的商品价格从几十元到几千元价格不等，笔者选择的是百元以内的一款数码显微镜，50～500倍放大，USB接口，可以连接到计算机上显示，内置8粒白光LED灯作为辅助光源，成像距离手动调节，0～40mm，影像分辨率640*480，静态分辨率640*480，

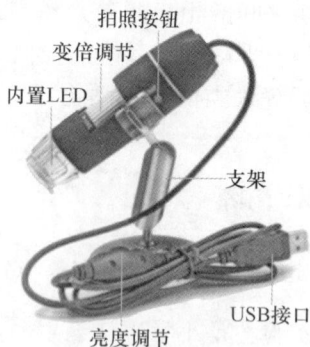

图 5-1　便携式数码显微镜

可拍照。带支架，USB 供电，主体长 112mm，外径 33mm。使用方法如下：

第一步，将数码显微镜的 USB 接口与计算机连接，并在计算机上安装好驱动程序，保证数码显微镜与计算机的有效连接。驱动程序供货商会提供。

第二步，在计算机上下载安装图像捕捉软件。比如，AMCap，笔者在华军软件园下载并安装，网址：https://www.onlinedown.net/soft/478837.htm。

第三步，打开 AMCap 应用程序，在"设备"菜单下选择已安装上的数码显微镜"USB2.0 Digital Camera"。

第四步，选在"选项"菜单下的"预览"，就会在计算机上显示数码显微镜下的视野。

第五步，调整亮度调节旋钮，调节灯光亮度。

第六步，调整数码显微镜主体中间的变焦螺旋进行对焦，直至能够清晰成像，如图 5-2 和图 5-3 所示。

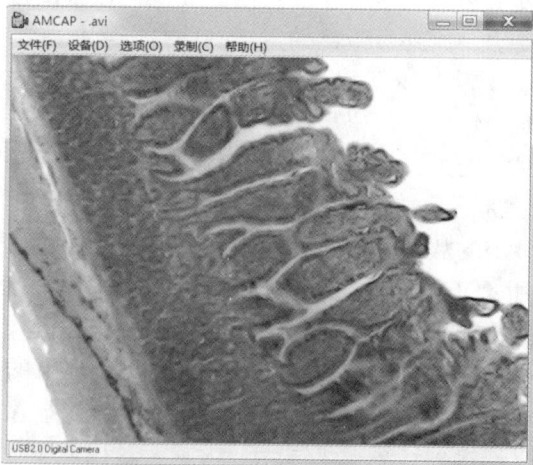

图 5-2　数码显微镜在计算机上显示的小肠切片

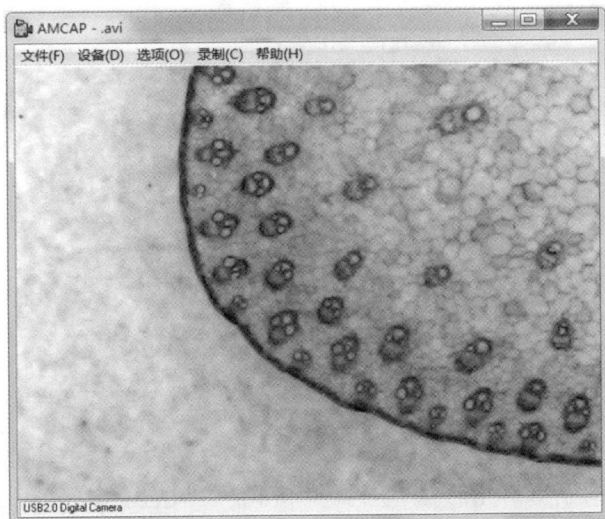

图 5-3 数码显微镜在计算机上显示的玉米茎横切标本

在"选项"菜单下选择"视频捕捉过滤器"会弹出"属性"对话框，在这里可以对画面的亮度、对比度、饱和度等参数进行设置以满足成像要求，如图 5-4 所示。

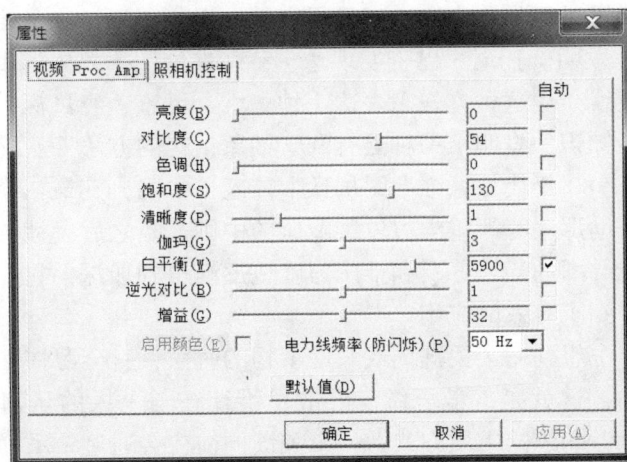

图 5-4 视频捕捉属性设置窗口

除了观察生物标本，还可以利用数码显微镜直接观察人体表皮，如图 5-5 所示。让学生在显微镜下观察自己的皮肤、毛发等器官，充分调动学生的积极性，激发学生对探索人体奥秘的好奇心，还可以进行人体卫生健康教育，促进学生健康卫生习惯的养成，一举数得。

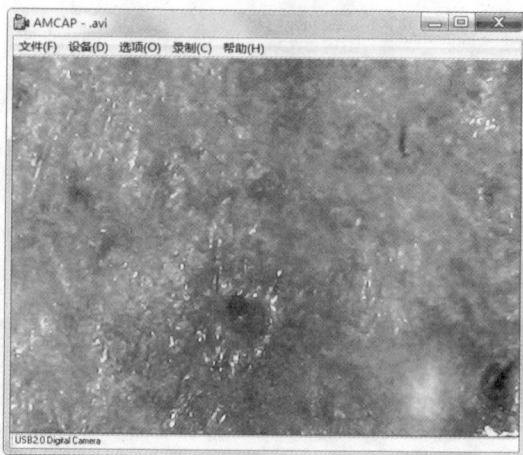

图 5-5　数码显微镜下的人体表皮

5.2.2　善用思维导图，结构化呈现知识体系

5.2.2.1　什么是思维导图

思维导图，英文是 The Mind Map，又称为心智导图，是一种表达人类发散性思维的有效图形思维工具，它简单却又很有效，由英国记忆之父 Tony Buzan（译为托尼·巴赞）发明。托尼·巴赞发现达·芬奇在绘图手稿中运用了大量的抽象符号、代号、连线，用这种方式来表达一种思维、灵感，经过深入研究，托尼·巴赞结合脑神经知识，发明了一种更有利于抽象记忆的方法——思维导图。

早在 20 世纪 80 年代，思维导图从日本传入了中国，其最初设计目的只是为了用来引导和帮助那些有严重学习思维障碍的中国人。之后，社会经济得到了很大的发展，思维导图的知识普及和推广力度也逐渐得到加深，它开始逐渐融入工商界并在企业得到了有效的应用。

每当我们心中想到一个关键词或一件事物的时候，就会习惯性地想到另一个词或另一件事物，这就是发散思维。发散思维往往与个人的认知和逻辑能力有关，它是人类思考问题的本质方式。一个关键词往往会通过一系列因果关系引发人类的行动。思维导图从本质上来说，其实就是将发散思维与逻辑推理进行了有效结合，并将其以图片的形式充分体现了出来，让人类的思维可视化、具体化。在具体的设计和操作中，思维导图主要的功能就是通过一个个的关键词充分地展示出了发散式逻辑思维的重要性和妙处，并且，这些长长的关键词或句子全部都是画龙点睛之笔，且不可以用一个长长的关键词或句子代替。关键词一般位于分支的枝干上，有时甚至会直接以图取而代之，因此便充分地具有了各种图片思维的逻辑导图和所谓的图文思维导图。

虽然思维导图在当今中国已经有几十年的发展历史了，但相较于其他的国家，其实际应用和研究的发展仍旧处于一个初级阶段。但是不可忽视的一个问题是，近几年越来越多的中国人已经开始将思维导图的运用融入到了生活、学习和实际工作当中。

在教学中运用思维导图可以帮助教师、学生更好地把握课程全貌，并且能将书本的内容浓缩，更加方便理解和参考。在教研活动中每位老师的观点可以用思维导图的形式画出，通过分类整理，来全面把握知识模块和重难点内容，提高效率。利用思维导图梳理知识结构，帮助学生进行概念建构，提高学习效率与质量。另外，结合多媒体教室，在交互式电子设备上可以直接结合学习思维过程绘制思维导图，把枯燥的大段文字信息整理变成彩色的、有逻辑性的图形式的表达，既有利于小学生的记忆，又有利于思维的科学性发展，最终以一个系统的块状知识保留在学生的脑中，便于学生记忆，同时也有助于帮助学生掌握科学的学习方法。尤其在回顾性知识总结的教学环节，思维导图的运用有利于教师和学生快速梳理知识结构、加深学生对知识系统的理解，并达到增强识记的效果。

逻辑思维导图主要的功能就是通过一系列逻辑关系将大量的信息数据进行分层。在一张思维导图中，你既可以依次看到分支主干，也可以依次看到第一分支，甚至第一分支下面还同时会依次出现第二分支和第三分支，由大到小，笼统而又细致地将其中关于人类的各种学习思维和信息进行了一系列的整理和归纳。

思维导图的分层特性主要在于它能够同时地激发左右大脑，让思维的图像和逻辑思维导图实现了有机的结合，并且也充分体现在了纸上。因此，长期地使用这张思维导图的中国人逻辑会越来越清晰，也越来越容易能感受到思维导图的重要性和妙用。

一张颜色亮丽、分支层次明晰、字迹工整的思维导图，会直接给人以美的视觉享受，继而让更多的人有继续看下去的冲动和欲望。而当我们有机会带着一种鉴赏的心情和眼光将我们整张思维导图全部看完之后，同时也有机会在潜移默化中重新学习了一遍思维导图中关键词所体现的每一个知识点，这样既愉悦了我们的身心，又使我们掌握了更多的知识，可谓一举两得。

但我们这里所说的美并不是一定都要表现得像画家亲手画出的艺术品一样，而重点强调的其实就是"用心"二字。它严格地要求我们每个人都要注意尽自己最大的努力将导图画得整齐而又做到层次分明，尽量不要在导图中出现任何错别字和乱涂乱抹的任何地方，哪怕仅仅只是一个简单的关键词、一根细细的线条，或者一个小小的几何图形，都一定要用心地去认真面对，这样我们才能真正画出工整、干净的整张思维导图。

思维导图改革了传统的板书、笔记。可以呈现教师教学内容的工具，教师运用思维导图的内容和形式进行教学可以运用结构清晰、图文并茂的知识表征图形，形象生动地培养和刺激学生大脑从而去指导学生进行对信息的分类，方便学生记忆。思维导图有助于教师培养和提高学生独立思维的品质。学生通过自己在课堂中所学的知识点核心概念进行了思维导图的绘制，将极大地促使课堂中的学生利用时间进行发散性的思维或者集中思维找出正确答案，也促使学生充分利用定势的思维和规律进行创新思维，既充分尊重了规律又在新的环境和条件下对规律进行了变化和创造。在复习的过程中锻炼了学生勤于思考的学习能力，培养了小学生的创造力和思维品质。对于低年级学生来说，文字书写是学生表达的障碍，他们有太多的字还不会写，用思维导图，以画的形式有助于教师引导学生提高学习效率，缩短因为书写困难产生的时间浪费，将有限的教学时间用在更有意义的地方。

在生命科学领域内容的学习，思维导图的有效运用有助于激发学生了解和认识自然界的兴趣，帮助学生初步形成生物体的结构与功能、局部与整体、多样性与共同性相统一的观点，形成热爱大自然、爱护生物的情感。小学内容比较零散，高年级老师在教学中应对教学内容进行重新整合，帮助学生建立结构化的知识体系。在小学高年级教材中，生命科学内容出现的频率升高，且各部分之间具有学科逻辑的连贯性，将这些内容整合形成完整的生命科学单元，对学生后续继续学习生命科学有一定的帮助。教师可借助思维导图，帮助学生梳理知识间的关系。

目前有很多专业的思维导图应用软件被广泛应用，比较早期的思维导图工具有 MindManager、XMind、Freemind、MindMapper 等，各个思维导图工具的功能大同小异，部分功能免费。下面以 MindMaster 为软件环境介绍思维导图应用软件的使用方法。

5.2.2.2　思维导图软件介绍

MindMaster 是一款国产跨平台思维导图软件，具有较好的中文支持，比较符合国人的操作习惯。目前能够支持的操作系统有 Windows、Mac、Linux、安卓，在 PC、APP、网页都可使用。软件具有剪贴画、手绘效果、甘特图模式、插入各种元素、幻灯片演示功能、思维导图大纲视图、云共享等功能。它不仅可以用于课堂教学，还可以用来整理工作思路，记录工作，在工作管理方面也可以使用，如图 5-6 所示。

启动 MindMaster，默认进入的界面就是新建界面，在这个界面，用户可以选择适合的模板开始思维导图的制作。模板分为空白模板和经典模板，如果不需要使用系统提供的已经设计好版式的经典模板，那么直接选择空白模板即可，如图 5-7 所示。

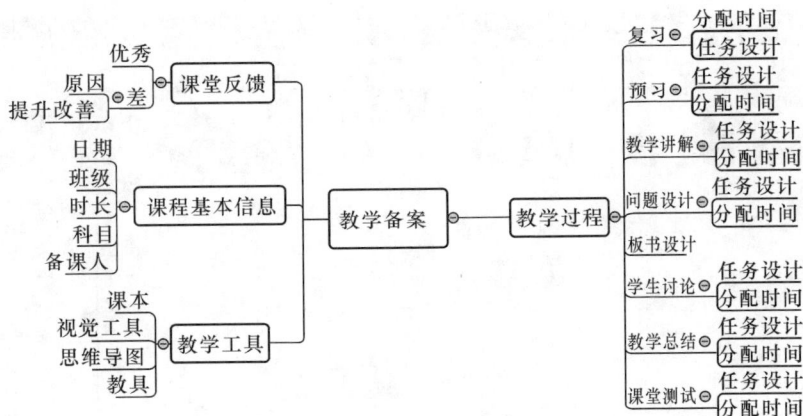

图 5-6　教学备案思维导图

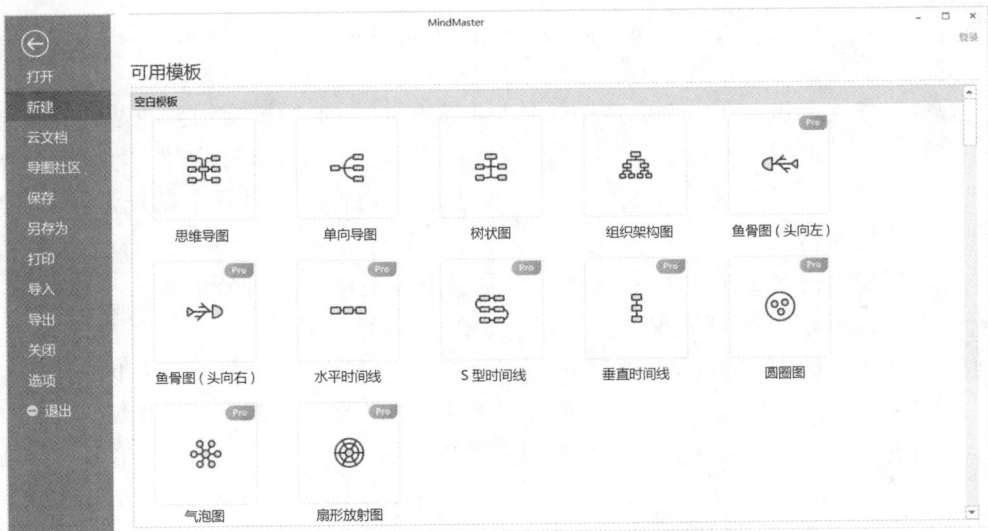

图 5-7　MindMaster 默认进入的新建界面

　　我们直接新建空白图，在界面上主要应用的有几个区域，分别是快速访问工具栏、菜单选项卡、工具栏、格式面板，以及绘制区，如图 5-8 所示。

　　MindMaster 可以插入图片、表格、超链接等，运用 MindMaster 设计制作的思维导图最终能够导出为图片、PDF、Word、Excel、PPT、HTML、SVG、MindManager、印象笔记、有道笔记格式的文档，移植性较好。

　　下面以"生物多样性"知识结构为例，介绍 MindMaster 制作思维导图的具体操作步骤。

　　第一步，根据样式选择一个模板。适当的选择使用模板，能够让思维导图更

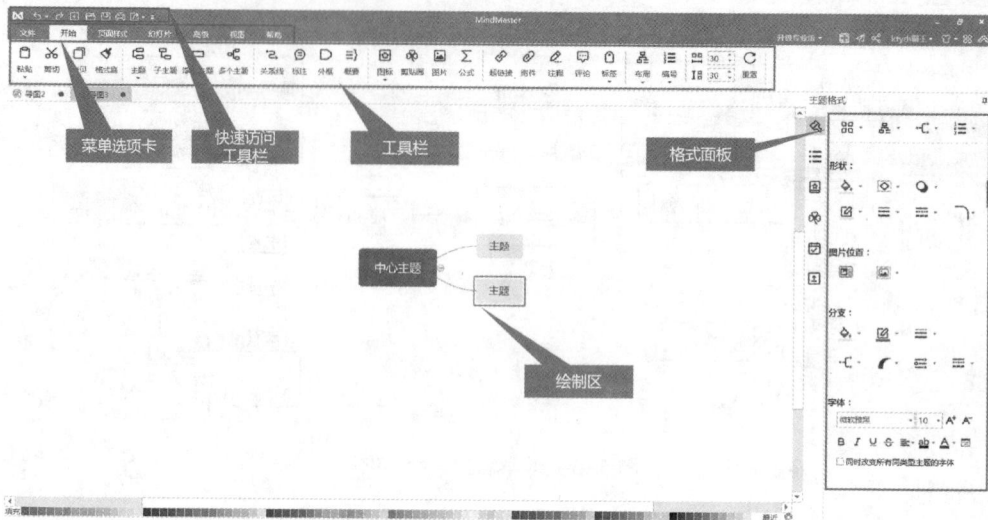

图 5-8　MindMaster 工作界面

美观，制作更迅速。在本例中选用的是经典模板里面的"培训计划"模板。

第二步，选择中间的主题框，双击，修改里面的文字内容，输入"生物多样性"字号为 16。再次单击主题框，在右侧主题格式版面内设置主题框形状为椭圆，并选择颜色。

第三步，再次单击中间主题框，建立三个子主题，双击分别输入"微观表现""直观表现""宏观表现"，字号为 10。

第四步，选中"微观表现"主题，建立子主题，双击输入"基因的多样性"，字号 14，在右侧主题格式版面内设置主题框形状为椭圆。

第五步，选中"基因的多样性"主题，建立子主题，双击输入"形成"，字号 10。

第六步，选中"形成"主题，建立子主题，双击输入"种群中个体的多样性"，字号 12，在右侧主题格式版面内设置主题框形状为椭圆。

第七步，选中"种群中个体的多样性"主题，建立子主题，双击输入"表现"，字号 10。

第八步，选中"表现"主题，建立两个子主题，分别双击输入"不同相貌的人""不同性状的其他种生物"，字号 12，在右侧主题格式版面内分别设置主题框形状为椭圆。

第九步，使用第一步至第八步的方法，分别为"直观表现""宏观变现"主题建立其后的子主题。最终效果如图 5-9 所示。

第十步，使用第一步至第九步的方法，建立"形成"和"沙漠生态系统森

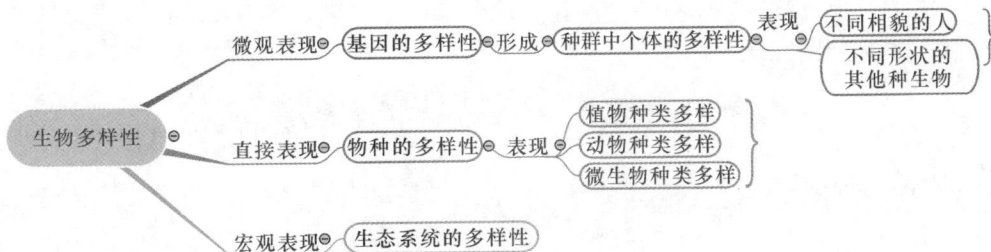

图5-9 "生物多样性"主题结构

林生态系统"主题的思维导图。最终效果如图5-10所示。

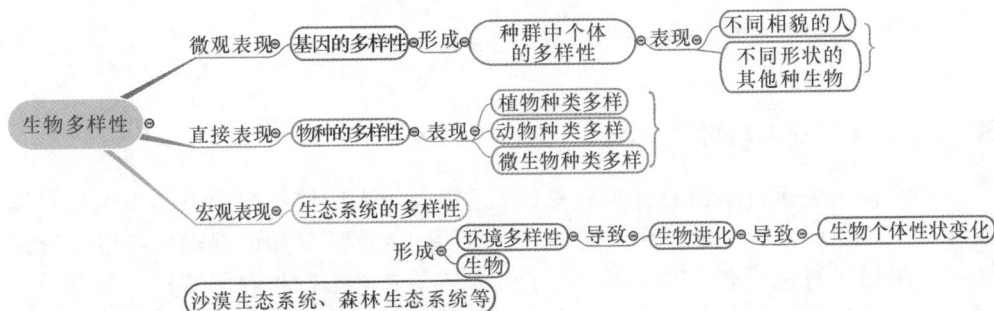

图5-10 "形成"和"沙漠生态系统森林生态系统"主题结构

第十一步，制作关系线。选中"基因多样性"主题，点击开始选项卡工具栏下关系线，接着点击"物种多样性"主题。双击关系线，输入"导致"，字号10，在右侧主题格式版面内设置关系线线条粗细为1，线条颜色为紫色，线条样式为箭头，如图5-11所示。

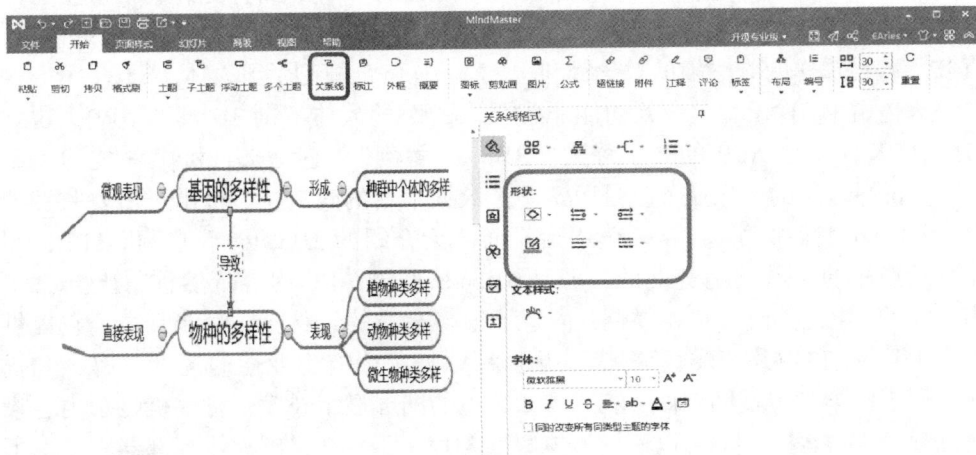

图5-11 关系线制作

第十二步，重复第十一步，制作其他关系线，效果如图5-12所示。"生物多样性"思维导图完成。

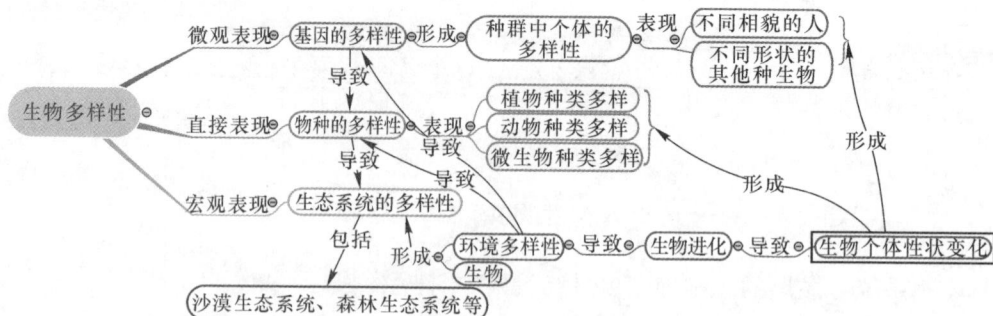

图5-12 "生物多样性"思维导图

5.2.3 人体解剖3D模型，人体结构具体化

小学科学生命科学领域有一个主要概念涉及对人体的认识，主要概念：人体由多个系统组成，分工配合，共同维持生命活动。这部分知识直接与学生自身相关，学生通过对这一概念的学习，要了解人体的外部结构和内部结构，在感知外部结构对外界刺激时，可以直接用自己进行实验，去体会，但是对于内部结构的了解不是直观的，需要借助工具。在教材中有用耳朵听肺呼吸，用手摸心脏跳动，只能从听觉和触觉上去感知内脏器官，不能从视觉上直观地看到。如果没有人体模型，那么，传统教学媒体可以使用挂图，平面不能互动，毫无趣味性可言。现代教学媒体环境，可以使用图片。如果图片仅仅起到挂图的电子版的作用，那么意义就不是很大。如果把每一个器官都单独参见下来，利用交互式电子白板制作成互动式课件，每一个器官都可以单独移动，那么将更有利于学生对内脏器官的直观认识。具体方法可以参考4.2.2的内容。接下来介绍一种更快捷、真实、容易操作的方法辅助教学，利用人体3D解剖模型学习人体。

人体解剖3D模型是一款功能非常强大的医学人体解剖3D模型APP。这款3D人体解剖模型APP的名字称为"3Dbody解剖"，它是来自桥媒科技的一款APP。桥媒科技的一大业务就是医学图像数据平台的建造，它推出过需要收费的PC版3Dbody虚拟仿真解剖教学平台。而今天介绍的3Dbody解剖手机APP，则是免费使用的。虽然是免费的，但是3Dbody解剖APP内容依然称得上异常丰富，它的体积达到了180M以上，内置了很多高清的素材，质量非常高。它提供了直观且详细的人体解剖学图谱，并且每一处都会有专业性的词汇去解释和描述，属于医学学习辅助软件。利用4.2.3里的同屏显示技术，将手机显示内容投射到教室大屏幕上，就可以使用人体解剖3D模型APP讲解人体内部器官了。下面介绍具体的使用方法。

首先，要安装 APP。在华为应用市场里，人体解剖 3D 模型的名称为"人体解剖学图集"，请注意它的图标，名称可能有差异，但是图标是相同的，如图 5-13 所示。

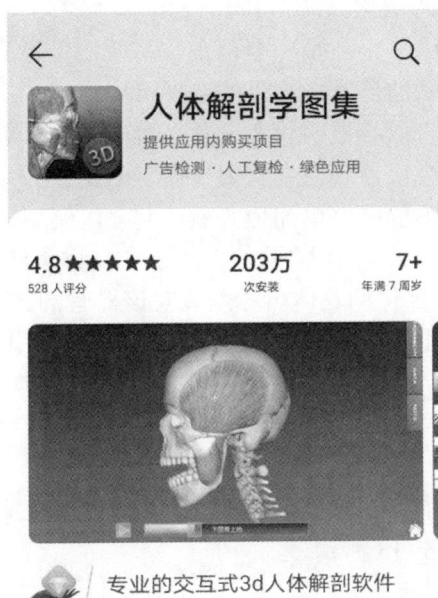

图 5-13 人体解剖 3D 模型 APP 图标

打开应用，在主界面上可以看到具体的模型类别，如图 5-14 所示。有男性和女性全身模型，也有人体局部模型，教师可以按照需要进行选择。这里选择男性全身用来讲解消化系统。

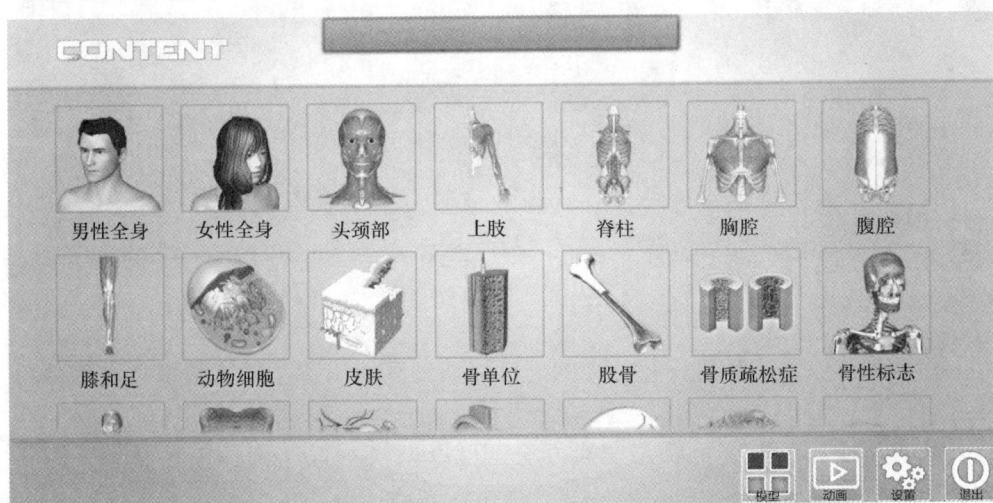

图 5-14 人体解剖 3D 模型主界面

点击"男性全身"图标后，进入 3D 模型显示界面。点开右上角"层级"菜单，将"消化系统"勾选上，其他系统取消选择，此时，在显示界面上仅显示人体的消化系统。点击"消化系统"按钮，显示"腹膜""大网膜""消化道""腹器官""特赖氏韧带""小网膜"全部消化系统内部器官。在右侧器官名称前进行勾选，选择需要显示的器官。这里的选择可以点选两次，第一次复选框里出现较小的对号，该器官将以半透明状态显示，再选一次，就会完全显示或者不显示。如果要体现非主要观察器官与主要观察器官的位置关系，可以将非主要观察器官呈半透明状显示。不仅能够单纯地查看人体 3D 模型，它还内置了非常丰富的资料信息。比如，点选某一个器官，然后点击右侧"注释"菜单然后 3Dbody 解剖 APP 就会提供这个部位的具体名称以及对该器官的详细介绍。

在观察过程中，单击物体就是选择物体；单指按住屏幕拖动，实现的移动视角观察模型，能够达到 720°全景旋转视角；双指拖动，实现的是平移视图；两指在屏幕上捏合、拉宽，实现的是放大、缩小识图操作，便于整体或局部观察模型。

左侧的工具栏提供了移动、状态切换、透明其他、隐藏其他、全部显示、画笔 6 个操作工具，如图 5-15 所示。

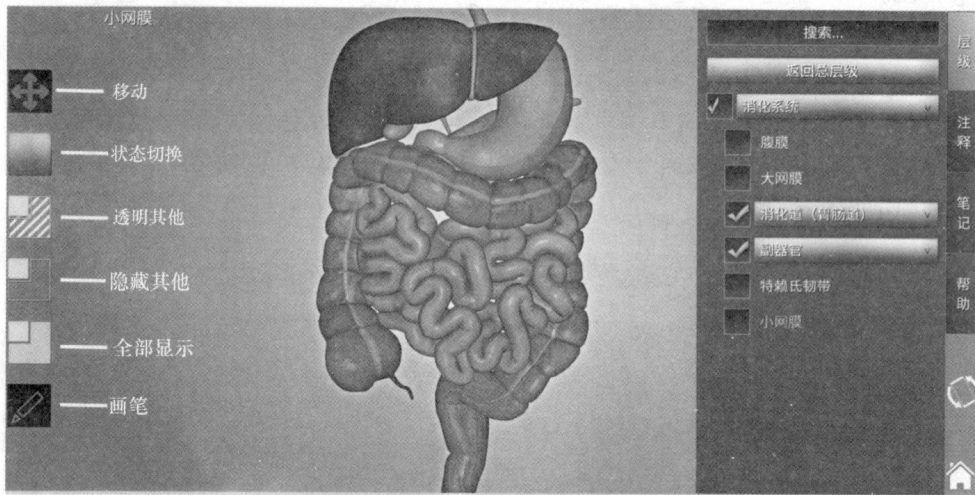

图 5-15　人体解剖 3D 模型演示界面

移动工具：开启后可以将选中的部位移动到其他位置，关闭则移动过的部位回到原位置；

状态切换：单击这个状态切换方块，可以切换所选结构的三种状态，即实体、半透明、隐藏；

透明其他：将选中部位以外的其他部位切换至半透明状态显示；

隐藏其他：将选中部位以外的其他部位切换至隐藏；

全部显示：界面所有部位都显示；

画笔：开启后可以在画面上任意绘画，关闭后绘画消失。

在 APP 的主界面右下角有"模型""动画""设置"和"退出"按钮。前面我们介绍的操作都是在模型页面下的内容，模型也是该 APP 的默认页面；动画页面能够动态显示人体部位模型，但是从内容上看与小学科学人体教育关系不大，而且大部分都需要充值解锁，所以这里不做推荐；设置页面，可以设置 APP 语言，有英语、简体中文、繁体中文三项可选，还可以设置声音、音量、背景色，以及主界面的显示比例；最后是退出按钮，点击则退出 APP 回到手机主界面。

利用人体解剖 3D 模型，还可以展示眼球的结构，讲解近视眼、远视眼的形成原因，增强学生对视力的保护意识。

5.2.4　图像识别技术，快速识别动植物

在小学科学课程标准中建议教师指导学生通过对动物、植物的观察，认识日常生活中的动植物，通过参观动物园、植物园、养殖场等途径让学生认识动物，引导学生讨论动物和人之间的关系。组织学生观察常见的树木、植物，可以在校园和社区开展为树木挂标牌的活动。这些活动都是为了让小学生学会观察、认识了解常见的动植物，通过感官上的认识与了解，从心理上认识到动植物与人类生活密切相关，珍爱生命，保护身边的动植物，意识到保护环境的重要性。利用各种基于图像识别技术设计的信息化工具，能够扩大师生对动植物的识别范围，激发学生探究热情，也提升了学生解决实际问题的能力。在这些活动中，师生可以利用移动终端对不认识的动植物拍照，然后上传基于图像识别技术开发的应用软件或平台，用计算机进行对比、识别，给出识别结果供用户参考。

图像识别技术是指利用计算机对图像进行处理、分析和理解，以识别各种不同模式的目标和对象的技术。通俗点来说，就是计算机按照某一个规则收集图像的特征点，并将这些特征点和现有的特征模型进行比较，分析两者之间的相关性。❶ 目前基于图像识别的图片识别主要有两种应用形式，一是用已知图像搜索相似相关图像；二是根据已知图像内物体特征进行比对分析，最终判别物体是什么。前者可以用于多媒体素材的准备工作，后者可应用于认识动植物的观察活动。

5.2.4.1　web 端识别

在线识别软件的主要优势在于不需要单独安装软件或 APP，只要终端保持网络

---

❶　李景贤，张京，庞蒙．将会在植物保护上大显身手的图像识别技术［J］．西北园艺（果树），2019（4）：4-5.

连接即可。很多网站搜索都设计了搜图功能。比如，百度识图，网址：https：//image. baidu. com/？fr＝shitu；搜狗图片，网址：https：//pic. sogou. com/；谷歌识图，网址：https：//www. google. com/imghp 等。在搜索引擎上输入"识图网站"，得到相关结果超过 100000000 个，在这其中有些能够达到识别未知动植物的目的，有的会搜索出与上传图片相似的图片群，即以图搜图。比如，360 识图，网址：http：//st. so. com/。下面以百度识图为例介绍在线识别软件的使用方法。

第一步，打开百度识图，如图 5-16 所示，点击左侧"本地上传"按钮，弹出"打开"对话框。

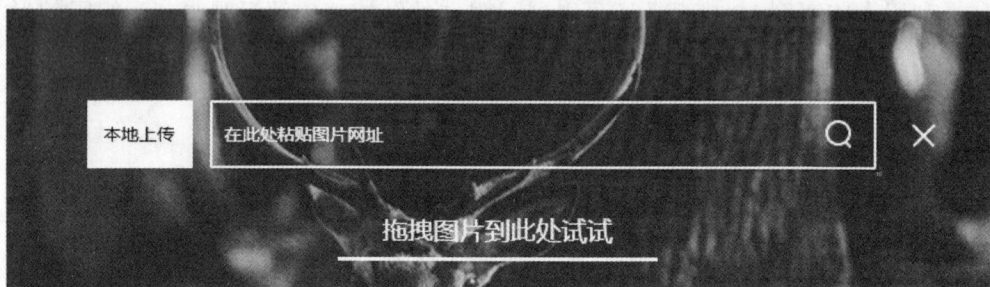

图 5-16　百度识图界面

第二步，在"打开"对话框选择路径，找到要进行识别的动植物图片，双击或者点击"打开"按钮。

第三步，在上传的图片缩略图旁边有识别结果，图 5-17 是相似图片。

图 5-17　识别结果

5.2.4.2　移动终端软件识别

（1）图像识别 APP。

随着智能手机、iPad 等移动终端和网络技术的发展，越来越多的应用于移动终端的基于图像识别技术的识图类 APP 出现在应用市场。这类 APP 识别对象更有针对性，分类越来越细，相应的准确度也较高，结论更为专业。以植物识别为例，在华为应用市场输入关键字"识花"进行搜索，搜索出"识花""拍照识花" 2 个结果，另外还有相关结果"看图识花""苗叔——识花植物识别""花伴侣""形色""植物识别""花小二""识物""花草君""花将"等十几种具有图像识别植物的 APP，另外，百度识图虽然没有单独的 APP，但是作为百度 APP 的一个子功能，仍然有广泛的用户群体。这些 APP 先后上线时间不同，但基本都在近十几年内，因为将计算机识别技术引用到植物识别也就是在最近 30 年，我国则更晚一些。在我国，2010 年底，百度识图测试版上线，2015 年 8 月，由杭州睿琪软件有限公司与中国自然标本馆（CFH）、中国科学院植物研究所、中国科学院上海辰山植物园等单位合作开发的"形色" APP 上线。2016 年微软亚洲研究院和中国科学院植物研究所携手研发的微软识花上线，2016 年 10 月，鲁朗软件有限公司与中国科学院植物研究所合作，"花伴侣" APP 上线。这些 APP 各有特点，但基本都以识"花"为主，因为植物较为稳定的性状就是花，花是植物更为稳定的性状，因此以花朵为依据进行植物的分类识别更加可靠，也是植物识别 APP 的发展趋势。不论是科研工作者还是小学生，不论是专业人士还是刚刚准备入门爱好者，用户对植物识别软件的识别准确率是最关心的，只有识别准确率高，软件才有应用价值。有研究团队对花帮主、百度识图、花伴侣、形色、花卉识别、植物识别、发现识花、微软识花 8 款植物识别 APP 进行对比研究，得出结论，花帮主正确率最高，百度识图次之，其后是花伴侣、形色。其中的形色 APP 除了鉴别植物，还搭建了一个以植物为主题的社区平台，在识别结果除了名称、植物种属，还有诗词赏花、一花一名、植物养护、植物价值、植物小百科、植物名片等，花语、植物价值、植物养护等一系列植物文化信息，让认识植物的角度更丰富，丰富的内容和趣味性，吸引了大量用户。从七麦数据查得，形色在教育（免费）类 APP 内排名 77，安卓系统下载总量 9434.40 万，评分 4.6 分（总分 5 分），下面就以形色为例，介绍如何运用形色 APP。

（2）"形色" APP 的运用。

第一步，下载与安装。在手机应用市场搜索"形色"，可能有相关的很多 APP 被检索出来，注意观察 APP 的开发商，应该是杭州睿琪软件有限公司，也可以记住形色的图标。

第二步，打开"形色" APP，选择点击"鉴定"右侧的照相机按钮，准备开始鉴定。

第三步，现场拍照鉴定。鉴定分两种情况，一种是现场拍照鉴定，另一种是用手机里已有的照片进行鉴定。先说第一种，现场拍照鉴定。这种需要保持移动终端网络畅通，将需要识别的植物主体置于画面中间梅花形虚线区域即主体选区内，点击拍摄按钮，如图 5-18 所示，等待鉴定。如同人像摄影时通常会把焦点定在人的面部，拍摄植物时要把焦点定在植物主体部位，以便给识别系统提供较为精准的辨别特征。方法也很简单，在拍摄时，用手指在画面某处点击，拍摄系统会自动将此处设为焦点，也就是说，在拍摄时要把哪个部位清晰呈现就用手指点哪里。这样就能保证画面清晰，避免画面焦点在主体之外。另外建议使用手机背面的后置镜头拍照，一则使用者便于用前面屏幕观察操作，另一方面，现在手机前置镜头通常都开启美颜效果，将画面美化就会失真，降低辨识准确度。只要点击镜头转换按钮即可实行前后摄像头切换的操作，如图 5-18 所示。

图 5-18　拍照识别工作界面

第四步，辨识已有照片。进入准备拍摄状态时，单击左侧的相册，即可打开手机相册，从中选择已经拍好的植物照片。将照片添加到形色识别系统后，一个手指拖动照片，将照片内植物辨识主体置于梅花形虚线框内，用两个手指捏合，可以放大或缩小照片，以便让植物主体清晰放置于辨识区域中心位置。调整完成后，单击界面下部中间的确定按钮，如图 5-19 所示。

图 5-19 照片识图工作界面

第五步，不论现场拍照鉴定还是辨识已有照片，结果都是一样的形式。APP会根据上传的照片以植物照片加名称的形式给出对比结果，一般会给出几个相近特征的植物，需要用户根据细节进行对比选择。如果自动辨识的结果都不满意，可以向左滑动结果图至最后一项"以上结果都不对"或求高手鉴定，但是这两个选项需要社区人工判断，无法立刻给出判断结果。

形色的"花展"里面有很多植物的壁纸，画面清晰，艺术气息浓厚，可以选择适合的图片下载，用于制作课件。在形色的"花间"里还有很多与人生活相关的植物文化：景点介绍，主要介绍赏花景点以及当地植物；文章，主要推介户外赏花、趣味植物、花艺生活、虹越养护的相关文章，适合拓展学习使用；话题，社区活动形式，可以提出话题，也可以根据他人提出话题参与互动回答，与植物爱好者交流；鉴定，里面都是用户认为自动识别不正确的图片，这里就是人工识别的平台，所有被用户选择"以上结果都不对"的图片都传到这里，等待专业社交平台里的专业人士鉴定，如果是专业人士也可以在这里给出答案，一展你的专业风采。形色中的"我"里面记录了用户所有上传识别过的植物，像一本认识植物的记录，并且每一个都可以重新识别，在学习记录、经验交流和成果分享中，能起到自动整理过程的作用，很有意义。

5.3 应用案例

5.3.1 案例：食物在体内的旅行

<table>
<tr><td>课题</td><td>食物在体内的旅行</td><td>教学对象</td><td>小学四年级学生</td><td>课型</td><td>实验探究课</td></tr>
<tr><td>教材分析</td><td colspan="5">本课教学涉及消化系统，在前面的课程中，“以运动起来会怎样”为课题，初步认识了人的呼吸系统、循环系统的简要知识，而本节课接上上节课的内容，既回答了“运动需要的能量从哪里来？”的问题，又提及口腔的作用，也为下节课进一步了解“食物在口腔里的变化”做铺垫。</td></tr>
<tr><td>学情分析</td><td colspan="5">食物的消化，对学生来说，这是一个既熟悉又陌生的话题。说熟悉，是因为我们每天都要吃大量的食物，也知道食物里面有我们需要的能量。但到底哪些器官参与了食物的消化？它们在消化过程中各起什么作用？食物到底是按怎样的顺序被消化、吸收的？这三个问题对学生来说是很含糊的，因为这些器官都在人体内，不能直接被观察到。</td></tr>
<tr><td>教学目标</td><td colspan="5">科学概念目标：知道人体的消化器官有口腔、食道、胃、小肠、大肠，每个器官都有各自的功能。食物在人体内会按顺序进入这些消化器官，被消化吸收。
过程与方法目标：通过模拟胃、食道等消化器官的工作过程，让学生有意识地观察和描述实验现象，完善学生对人体消化器官的认识。
情感、态度与价值观目标：激发学生科学探究的兴趣，使学生善于在反复观察、研究中完善自己的认识。</td></tr>
<tr><td>教学重点</td><td colspan="5">认识各部分消化器官，了解它们的主要功能。</td></tr>
<tr><td>教学难点</td><td colspan="5">了解消化器官中的结构特点与其功能的关系。</td></tr>
<tr><td>教学准备</td><td colspan="5">小饼干、记录单、模拟“胃”的实验材料、多媒体交互课件、人体 3D 解剖模型。</td></tr>
<tr><td>教学环节</td><td>教学内容</td><td colspan="2">师生活动</td><td colspan="2">设计意图</td></tr>
<tr><td>聚焦</td><td>谈话导入
揭示课题</td><td colspan="2">师：“同学们，我们每天都要吃东西，食物进入我们的嘴巴后，又会到我们身体哪些地方去？”今天，老师就带大家一起学习《食物在体内的旅行》。
师：老师为大家带来了一个导游——饼干，和我们一起进行今天的旅行。同学们一会把饼干放在嘴里咀嚼，然后咽下，感受一下饼干都经过我们身体哪些地方了？把路线图画到记录单上。
师：发小饼干，每人一块。
生：边吃边画“饼干导游路线图”。
师：组织学生展示记录单。
生：汇报交流。</td><td colspan="2">吃东西是我们每天都要做的事情，这个同学都清楚，但是食物在人体内究竟经历了哪些过程，使食物发生这样的变化，这是本堂课要解决的问题。因此教师安排了吃饼干的活动，并让学生通过听觉和视觉认真观察，在咀嚼的时候能发出明显的声音，更方便关注口腔磨碎食物的作用。</td></tr>
</table>

续表

教学环节	教学内容	师生活动	设计意图
探索	认识各部分消化器官并进行模拟实验	生：在教师引导下运用虚拟实验室动画模拟演示认识人体的消化器官主要包括口腔、食道、胃、小肠和大肠。 师：模拟实验，体验消化器官功能。 师：引导学生通过消化器官的形状猜想它们的功能。 生：在塑料袋里装上水、馒头和煮熟的蔬菜，反复揉挤。观察里面的食物变成什么样？	运用现代教育技术人体 3D 解剖模型将人体结构具体化帮助学生探究人体的"黑盒子"，让学生更清楚地了解人类身体的秘密。
研讨	交流讨论发现新知	师：你有什么发现？ 生：小组汇报，描述发现。 师：我们哪个消化器官的活动像这个袋子？ 生：猜测。 师：观看视频，让学生系统了解消化器官的工作过程，完善对人体消化器官的认识，达成本节课的教学目标。	通过模拟实验，学生能够更好地把生活中的经验和实验验证结合在一起，让学生在动手思考的同时，能够利用科学知识更好的改善生活，保健身体。
拓展	学以致用	师生共同：简单总结本节课的内容，引导学生保护消化器官。 生：运用交互课件，通过练习，量化检测学生的学习效果。 师：健康饮食话题。	运用现代教育技术交互课件互动练习，突出学习科学可以更好地服务生活的主题。

该案例选自《科学》四年级上《呼吸与消化》单元第八课。本课以饼干的旅行为线索，引导学生探究食物在体内的旅行路线。通过虚拟实验室运用人体 3D 解剖模型将人体结构具体化，以及网络资源的收集和提取。VR 教学平台的虚拟现实技术和增强现实技术，让学生在 3D 的环境下观察真实的人体器官和人体的各种特点，提高了学习的效率，激发了学生学习的兴趣，加强了学生观察的能力。针对本节课的暗箱问题——食物经过人体器官的先后顺序，利用 VR 技术可以直接实现学生的自主探究。在消化器官所处位置知识点上，利用 VR 技术实现了器官的可视化，避免了以往科学课堂的抽象空洞。使学生认识人体的消化道和消化器官。并通过模拟实验和视频加深对消化器官的认识，从而系统地掌握食物在体内的旅行的特点。

在学习了消化器官之后，从小学生普遍存在的一些不良的饮食习惯，如：不吃早餐、饭后剧烈运动、暴饮暴食、狼吞虎咽等问题入手，进而提出问题"这些习惯对消化器官会有什么影响？"学生联系已学的科学知识去思考这些坏习惯时，内心肯定是无比触动的，它们会对我们身体的消化器官产生不良的影响，于是本节课的教学又渗透了健康的意识，学生进而思考如何通过我们的饮食保护消化器官，形成健康饮食，快乐生活的积极态度。

从认识消化器官和食物消化的顺序，了解食物消化的过程中各消化器官的作用，通过如何饮食促消化上升到健康话题这几个环节环环相扣，顺利地完成了本节课的教学目标。

5.3.2 案例：校园的树木

课题	校园的树木	教学对象	小学三年级学生	课型	观察探究课
教材分析	科学探究始于细致的观察，三年级学生的科学探究主要以系统的观察为基础。对于三年级的学生来说，观察对象开始应该是相对静止，比较便于观察，同时又应是生活中常见。本节课主要观察校园里的植物，学习观察和简单归类的方法，符合学生的认知需求，经过观察能够发现一些平常未能发现的秘密，能使学生从中获得成就感。				
学情分析	三年级学生的生理和心理发展水平，还不可能从事较为独立、完整的科学探究活动。着重点应放在发展学生的观察能力和对科学观察的理解之上。观察是本单元的主要技能。学生将学习用感官进行观察，并学会利用形色 APP 拍照识别植物，用简图进行记录和描述，用韦恩图帮助进行整理概念之间的关系。对校园的树木有更深入和系统的学习。				
教学目标	科学概念目标：知道校园里树木的名称和生存习性。了解各种树木对我们人类的价值。 过程与方法目标：通过感官进行观察，利用形色 APP 识别植物系统了解校园里的树木，用简图进行记录和描述。 情感、态度与价值观目标：激发学生科学探究的兴趣，使学生善于在反复观察、研究中完善自己的认识。学会利用网络资源。主动爱护我们身边的植物，保护环境。				
教学重点	认识校园里树木的名称，了解各种树木对我们的价值及它们的生存习性。				
教学难点	用简图进行记录和描述各种树木的形态和特点。				
教学准备	彩笔、A4 纸、形色 APP、多媒体课件。				

教学环节	教学内容	师生活动	设计意图
聚焦	诗词导入揭示课题	师："碧玉妆成一树高，万条垂下绿丝绦。不知细叶谁裁出，二月春风似剪刀。"同学们，这是描写什么的诗句呀？ 生：柳树。 师：没错，就是柳树。春天来了，万物复苏，柳树开始悄悄发芽了，那除了柳树，同学们想不想看看其他大树呀？今天我们就要一起走出课堂，投向大自然的怀抱，学习《校园的树木》。 师：下面我们要观看室外活动守则，并且牢记守则后才能拥抱自然哟。 生：边看边画记。 师：提问及强调室外活动注意事项。	通过诗词引入，丰富科学课的内容。让学生发现科学与各种学科相联系，科学课的内容丰富而多样。 从课堂走向大自然，更利于学生直观、切实感受树木的形态，加深对树木特征的认识。区别于传统的课堂教学，调动学生的积极性，充分发挥学生的主观能动性。

教学环节	教学内容	师生活动	设计意图
探索	观察树木画出形态拍照识别深入了解	师：引导学生通过观察描绘树木的形态及特征。 生：自主观察与绘画。 师：教学生使用形色APP。 生：利用形色APP识别植物系统了解校园里的树木。 师：可以尝试比较不同的大树有什么异同点。 生：自行对比。	学生用感官进行观察，获得一手学习资料，并学会利用形色APP拍照识别植物，了解树木文化、养护与价值，用简图进行记录和描述，对校园的树木有更深入和系统的学习。
研讨	交流讨论发现新知	师：我们的校园里有多少种大树呀？ 生：学生汇报，描述发现。 师：这些大树有什么共同特征吗？ 生：学生汇报，描述发现。 师：总结学生答案，用韦恩图帮助进行整理概念之间的关系。系统描述它们的异同点，形成科学性总结。	通过自主观察，使学生能够更好地把生活中的经验和观察结果结合在一起，学生在动手绘图的同时，能够利用科学知识更好地改善绘制，突出大树特征。
拓展	学以致用	师：升华对大树的认识，发现它们的价值。 师生共同：简单总结本节课的内容，引导学生爱护花草树木，保护环境。 师：放学后用形色APP自行观察探究一下我们生活中其他树木。	通过形色APP，让学生全面系统地了解了大树，认识到植物对我们的意义，养成爱护植物的好习惯。

该案例选自《科学》三年级上《植物》单元第二课。《植物》单元的教学内容主要是围绕着生命体的基本特征设计的。本课以观察大树为主线，引导学生观察探究校园里不同的大树。给学生建立核心概念：植物是有生命的物体，自然界里的植物是多种多样的。我们可以通过有目的地观察去了解和区别它们。通过学习观察活动，扩展学生的观察的内容和方法，并促进他们能动的观察。喜欢上科学课，乐意观察周围的事物。

通过对大树的观察学习，发现它们的价值。引导学生爱护花草树木，保护环境。利用形色APP，放学后学生可以自行观察探究一下生活中其他植物。养成自主探究的习惯，学会利用身边资源及网络资源辅助自己的探究学习。

从学生用感官进行观察，并利用形色APP拍照识别植物，系统了解树木文化、养护与价值，用简图进行记录和描述，教师用韦恩图帮助进行整理概念之间的关系。描述它们的异同点，形成科学性总结。基本完成学习目标。

6 地球与宇宙科学领域信息化教学策略

"地球与宇宙科学"是小学科学课程内容之一，本领域内容是小学生认识大自然的基础，是小学生科学素养不可或缺的组成部分。准确理解和把握课程标准中本领域的课程内容和学习目标，有利于提高教学质量，有利于培养学生科学素养。

6.1 地球与宇宙科学领域的教学内容分析

宇宙是一个系统，地球是这个系统中极其微小的一个小系统，而人类在这个小系统中又显得更为微观。对于人类来说，宇宙是神秘的，地球是赖以生存的物质存在。在小学科学课程中，要帮助学生从宏观到微观梳理地球与宇宙科学领域的相关概念，了解宇宙空间，了解地球的物质组成，了解地球的结构，更要让学生明确人类与地球之间存在的关系，明确"地球是人类生存的家园"，而且到目前为止是唯一家园。

6.1.1 宇宙系统

人类在宇宙系统中微小的如一粒尘埃，从"天圆地方"学说，到人类登月成功，人类对宇宙的探索从未停止。小学科学主要概念"13. 在太阳系中，地球、月球和其他星球有规律地运动着。"的学习，要让学生了解宇宙系统，了解"宇宙""太阳系""地月系"基本情况及相关联系，能够结合地球的周期性运动（自转、公转）解释一些周期性的自然现象。这些周期性的自然现象是地球上物质环境形成、变化的基础。物质要素构成不同的地理环境，人类的活动直接受到地理环境的影响。反之，人类的活动也直接影响着地理环境，地理环境的变迁对宇宙系统也会产生影响，目前对于人类与地球的关系成为研究的热点之一。虽然宇宙系统看起来遥不可及，但实际上与人类的生存、生活有着密不可分的关系，研究学习宇宙具有巨大的实际意义。

地球作为太阳系中的一颗行星，其自转和公转的周期性运动形成了许多有规律的自然现象。月球是和我们最靠近的自然天体，也是地球唯一的天然卫星，地月系的周期性运动使月相呈现有规律的变化。

正如地球是人类的家园一样，太阳系是地球的家园。而太阳作为银河系中的一颗恒星，银河系是太阳系的家园，银河系又仅仅是宇宙中千亿个星系中的普通一员。

从地球、月球（地月系），到太阳系，再到银河系、宇宙，上述四条学习内容，不仅涵盖了天体（地球—行星、月球—卫星、太阳—恒星），空间（地月系、太阳系、银河系、宇宙）等基本的宇宙知识，而且涵盖了基本的时间（日—地球自转、月—月球运动、年—地球公转）概念。这些内容的学习是初步的，但有利于学生初步形成"宇"（空间）"宙"（时间）的完整概念。

6.1.2　地球系统

大气圈是地球外圈中最外部的由气体组成的圈层，它包围着海洋和陆地。水圈包括地球上的海洋、江河、湖泊、沼泽、冰川和地下水等液态水和固态水，它是一个连续但不规则的圈层。大气圈和水圈结合，组成地表的流体系统，它们的相互作用使地球上的天气和气候发生变化，也使地球表面沧桑巨变。同时，水作为一种自然资源，对人类的生产生活影响巨大。

这两条学习内容不仅相互联系，而且与"物质科学"中的水（课程内容1.3和2.1）、空气（课程内容3.2和3.3）的内容密切联系。

土壤（圈）是地球表面环境的基本组成要素之一，处在岩石圈、水圈、大气圈和生物圈紧密接触的地带，它是在自然条件和人类因素共同作用下形成的。土壤是人类重要的自然资源和生产资料。

科学家通过对地震波、地磁场和火山爆发的研究，揭示了地球内部圈层的一些秘密。地壳主要由岩石构成（岩石圈），沉积岩、岩浆岩和变质岩是三大类岩石，它们的形成原因不同，具体的类型和特征也有很大区别。地表形态是构成地理环境的要素之一，剧烈地震、火山爆发等突发性地质过程是导致地表形态变化的主要原因。

大气圈、水圈、土壤圈、岩石圈等地球系统的组成物质相互联系、相互作用，形成各种生态系统，各种生态系统构成了一个完整的生物圈，为生活在其中的人类和生物提供生存的基本条件。因此，本专题的学习内容与"生命科学"中的一些内容（课程内容8.3、9.3、12.1和12.4等）有联系。通过学习这些内容，学生初步了解地球系统的组成物质的性质、变化规律及其相互之间的联系，初步形成对地球面貌的完整认识。

6.1.3　人类与地球

地球物质不仅为人类和其他生物提供了基本的生存环境，而且提供了生存的必需资源。资源根据属性特征不同，可分为再生性资源和非再生性资源。再生性资源在合理开发利用和正确管理保护下，可以不断地更新再生，实现良性循环。非再生性资源在人类发展史上，数量相对固定，不能循环再现，随着人类利用资源的规模扩大，这类资源面临着日趋枯竭的威胁。

在人类生存的过程中，还需要防御各种灾害。其中，既有自然灾害，也有人为（人类活动）灾害，这些灾害都严重影响甚至威胁着人类自身。

在这一领域的学习中，要让学生从树立意识逐步深入到具体的环境资源保护举措，从旁观者到实施者，感悟人与自然的密切关系。具体内容如下：

能够说出人类生活离不开动植物、淡水、能源的一些实例，树立珍惜动植物资源、节约用水、节约能源的意识，找出人类利用土壤进行农业生产、利用矿产资源进行工业生产的例子，树立保护土壤资源、合理开采利用矿产资源的意识。了解地球上的海洋为人类生存提供了生物、矿产、能源等多种资源。知道一些自然资源是可再生的，一些自然资源是不可再生的，能够列举日常生活中一些可回收或可再利用的资源，树立回收或再利用资源的意识，树立保护资源的意识。了解台风、洪涝、干旱、地震、火山喷发等自然灾害对人类的影响，知道防灾抗害的基本常识。了解可再生能源，知道太阳能、风能都属于生活中可利用的可再生能源。知道煤炭、石油、天然气是目前人类利用规模最大的能源，它们都是经过亿万年形成，短期内无法恢复的不可再生能源。随着大规模开发利用，这些能源储量越来越少终会枯竭。能够举例说出人类保护环境的具体举措，并能针对现实问题提出适当建议。

6.2　地球与宇宙科学领域的教学策略

地球与宇宙领域教学内容中，有许多学生难以感知的、遥远的、宏观的地理环境和现象，超出了学生生活感知的空间范围。这些地理环境和现象成为学生学习上的障碍和教师的教学难点，通过计算机多媒体技术，运用信息技术充分调动学生多感官的活动，化大为小、化静为动、化抽象为形象，突破时空、微观、宏观对教学实验条件的限制，将这些地理过程生动、形象地展示在学生面前，从而大大地提高课堂教学效率。

6.2.1　三维太阳系模型，直观认识太阳系天体

在 2017 版《义务教育小学科学课程标准》中要求帮助学生建立"太阳系是人类已经探测到的宇宙中很小的一部分，地球是太阳系中的一颗行星"的概念，并对认识太阳、地球、月球、太阳系、主要星座等做出明确的学习要求。教师要从这些教学内容中帮助小学生开始建立宇宙观，因为宇宙星辰藏着孩子的格局和视野，宇宙观位于人生三观的世界观、人生观、价值观之上。小学科学教师应该运用一切手段，最大限度地保护孩子对天文的热爱和对宇宙的探索欲望。

天空中的土星、木星、金星、猎户座星云、仙女座星系等天体，直接用眼睛看，看不清甚至看不到，用小型的望远镜也看不出多少效果，学生很难有直观印象，不容易理解。在信息化的今天，巧妙地运用各种媒体技术，可以形象、直观

地把它们展示出来，增加学生对知识的感性认识，帮助学生理解抽象的概念。

Solar walk 是一款三维展示太阳系模型 APP，它展示了太阳、八大行星以及 20 多个卫星、矮星、小行星、彗星和地球卫星的真实轨道、顺序、比例和运动。应用 Solar walk 还可以设定运行速度、回转周期、时间，感受在太阳系穿梭漫游的乐趣。过渡动画平稳，画面真实，让学生对太阳系产生更为直观的感受。下面以安卓系统为例介绍三维太阳系模型的使用方法。

（1）软件安装。在移动终端安装 Solar walk，在应用市场搜索 Solar walk，会搜索到 2 个 APP，行星 Solar walk 和三维太阳系模型 Solar，建议安装后者。

（2）基本操作。打开 Solar walk，熟悉视角操控。两指捏合、分开，实现的是缩小和放大画面操作，相当于观察视角的拉远、推近操作。单指在画面滑动，能够实现 720°任意旋转。

Solar walk 的功能介绍：

（1）检索功能。点击位于屏幕左下角的放大镜图标打开检索功能页面。检索页面分为三个类别检索项，太阳系星体及彗星检索、其他星系检索、人造卫星检索。如图 6-1 所示。太阳系星体包含太阳、水星、金星、地球、火星、木星、土星、天王星、海王星、冥王星、矮行星和小星云、彗星 12 个对象，在地球、火星、木星、土星、天王星、海王星、冥王星后面有一个小箭头，点击它可以查看该星体的卫星。比如，点击地球后面的小箭头出现月球对象。点击矮行星和小行星后面的箭头，弹出包含"谷神星""鸟神星""妊神星""小行星 90377""阋神星""爱神星""Golevka""艾女星""艳后星"9 个对象的页面。点击彗星后边的箭头，弹出包含"海尔博普彗星""包瑞利彗星""哈雷彗星""池谷-张彗星"4 个对象的页面。所有页面里的星体都可以点击，进入该星体的观察页面。

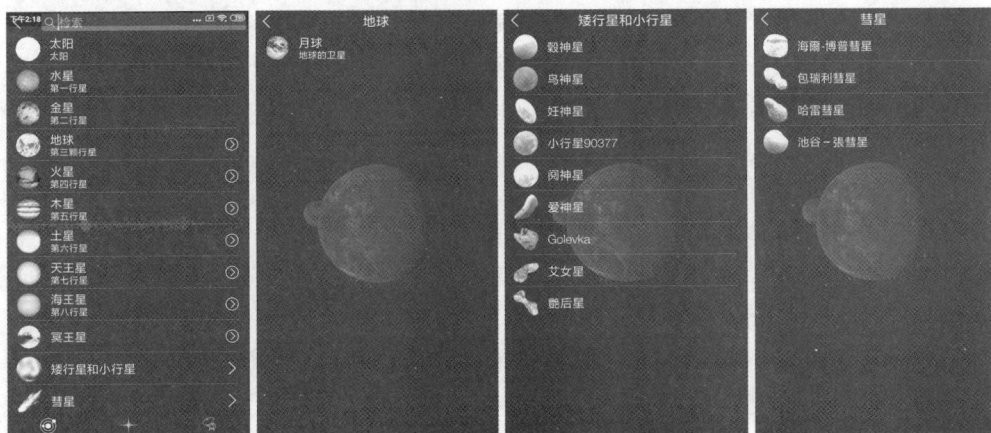

图 6-1 "检索"的各页面

（2）星体信息。在屏幕底部的中间位置，有一个胶囊型区域，里面显示当前选择星体的名称，点击星体名称旁边的小写字母"i"，则进入更为丰富的星体信息页面。全部的信息包括星体的三维模型、星体的基本资料、星体的事实与特征、星体内部结构、星体图库以及星体维基百科，如图6-2所示。

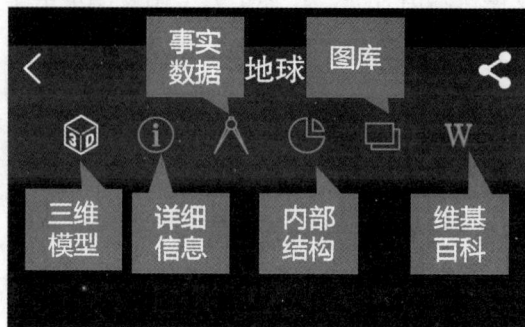

图6-2　星体信息页面

星体的三维模型页面可以用手指滑动使星体任意旋转，从而达到从外观全面观察的目的。基本资料里显示该星体的多方面详细信息，增进使用者对该星体的了解，如图6-3所示。事实与特征显示星体特征的具体数值，内部结构，则以动态形式显示星体的内部的结构。遗憾的是此处并没有具体的每层结构说明，只是有画面，如果用于课堂教学需要加以语言说明或辅以图片加文字说明。图库里系统提供的是星体的真实照片，虽然星体的三维模型十分逼真，但是它仍然是模型，真实的照片能够帮助使用者对星体有更真实的认识。维基百科，相当于是一个超链接，连接到维基百科页面，但是笔者使用的汉化版APP此功能不可用。另外，不是所有的星体都提供全部信息页面，太阳以及太阳系的八大行星基本都具备这些信息（冥王星没有内部结构信息页面），其他星体的信息的多少与人类对它的认识程度高低有关，最少都会提供星体三维模型、星体基本资料和维基百科。图6-3展示的是地球的各个信息页面。

（3）时间设定。在屏幕右上角有个小的时钟图标，默认是当前系统时间，通过它可以设定具体时间，用以观测具体时间或特定一段时间内的太阳系的情况。点击时钟图标，弹出时间显示，包括年、月、日、时、分，点选具体的时间单位，屏幕右侧中间出现调尺，滑动调尺。如图6-4所示，调制可以调整固定的时间点，也可以上下滑动调尺，实现不同流速下的时间变化效果。比如，选择月，滑动调尺，设定其月份为1，快速向下滑动调尺，月份的数字会快速变化，同时太阳系模型会根据月份的变化，各星体位置也发生相应变化，体现出一年中各个星体的运动轨迹。

除了Solar walk，还有很多可以用于宇宙星体教学的APP，比如Solar system

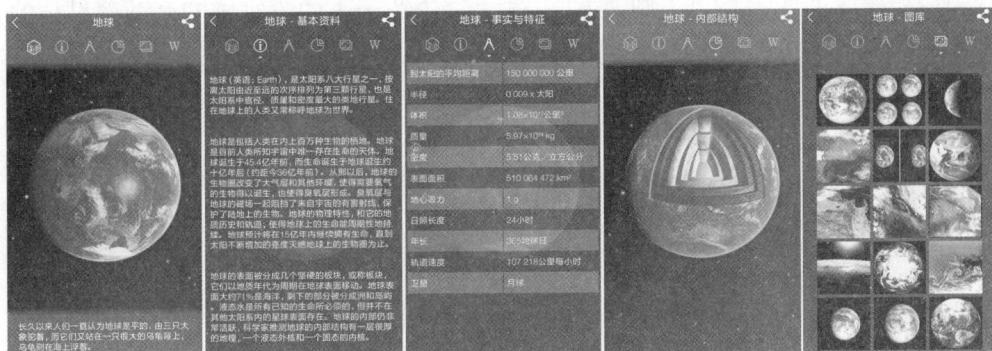

图 6-3　"地球"信息页面

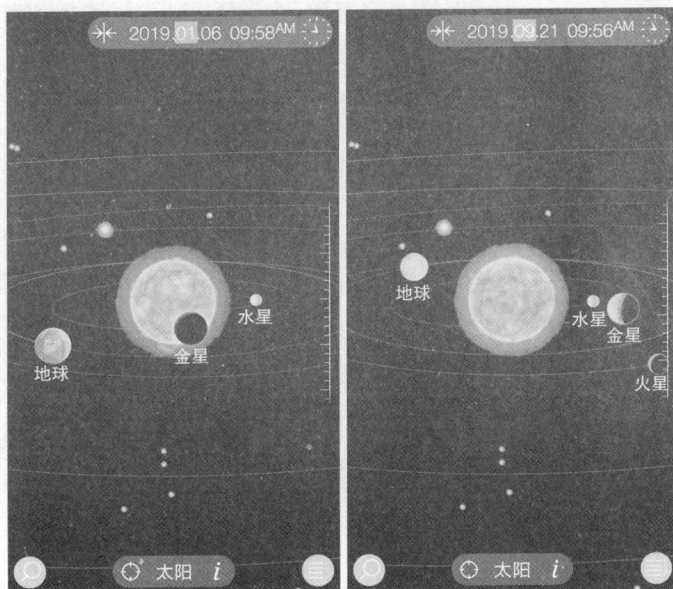

图 6-4　一年中星体位置变化

scope3、宇宙解码 2、行星 Solar walk 等，这些 APP 设计的初衷都是便于用户使用认识宇宙，属于科普宇宙知识的信息化工具，而且都具备操作简单、界面友好的特点。

　　结合屏幕录制软件，可以将观察过程录制下来，以视频形式呈现，结合课堂上教师的解说，能够给学生带来一场奇妙的星际之旅。

6.2.2　三维地理信息系统，用上帝视角去看地球

　　三维地理信息系统，英文缩写 3D GIS，将虚拟现实技术与地理系信息系统相结合，将地理信息系统进行三维可视化描述，并且能够分析、管理空间对象。古

代科学对宇宙的认识是"天圆地方"，这个结论源于人的五官感知，随着科技的发展，人类对宇宙的认识不断的变化。时至今日，当我们给学生讲地球是圆的，地球表面约71%的面积被水覆盖，各种水体组成了地球表面的水圈，不是口说无凭，可以在信息技术的帮助下，借助三维地理信息系统，尽管小学生的空间想象力和思维能力还比较弱，但是可以给学生一个上帝视角，实现对地球进行全面观察认识、多维度感知。

2005年6月，谷歌公司出品一款虚拟地球软件——Google Earth，它将大量卫星照片、航拍照片和三维模型等组织在一起，构成一个三维版地球模型。如图6-5所示。

图6-5　地球卫星图

在谷歌地图中，可以以鸟瞰图（图6-6）、街景地图（图6-7）、3D城市展示窗、航拍卫星图像等多重视角进行呈现便于学生观察。通过在选定区域不断点击或者滚动鼠标滚轮，形成镜头推进效果，不断扩大区域，结合实景图，帮助学生认识地形地貌，为初中进一步地理学习奠定基础。如图6-6所示，从Google Earth软件俯视青海湖效果图。

将三维地理信息系统运用于地球教学，还可以帮助学生理解经纬度的变化规律，验证板块构造学说，观察全球各地的天气情况，观察不同节气南北半球光照情况，让学生对地理信息的查询、浏览更加快捷、直观。

6.2.3　虚拟现实技术促进缄默知识传播

英国著名物理化学家和思想家波兰尼认为人类的知识分为两种，一种是以书

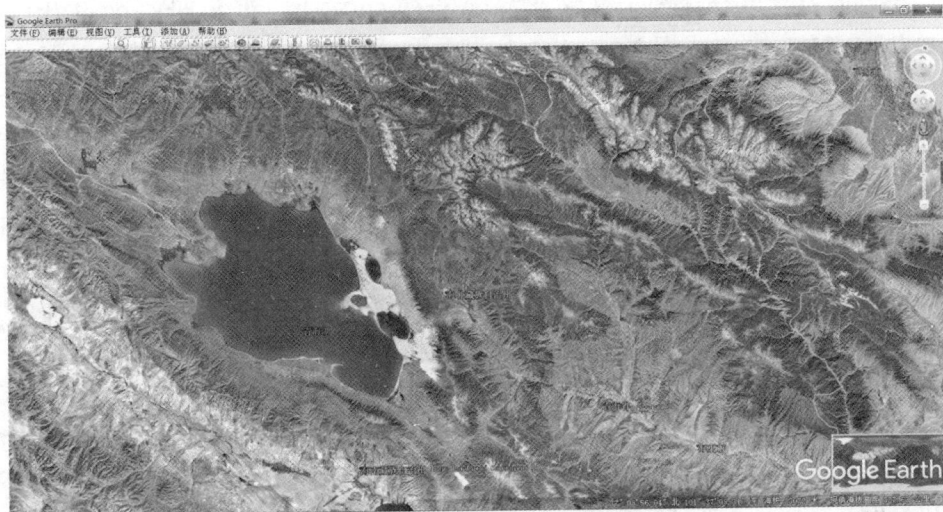

图 6-6   青海湖鸟瞰图

图 6-7   高原地区街景图

面文字、图表和数学公式加以表述的显性知识，这种也就是我们通常所说的"知识"；另一种是我们知道但是却难以用言语表述出来的知识，这种知识是隐形的，被称为缄默知识。难以用语言表述，更没有实物可展示，地理与宇宙科学领域里存在的很多概念，而小学科学教师恰恰需要帮助学生构建这些概念，所以需要借助信息化的技术手段。

虚拟现实，英文名为 Virtual Reality，简称 VR，该名词是由美国 VPL 公司创建人拉尼尔（Jaron Lanier）在 1989 年提出的，又称"灵境技术""虚拟环境"

"赛伯空间"等。虚拟现实技术萌芽于 20 世纪 50 年代，在 20 世纪 90 年代成为研究热点，是一门崭新的综合性信息技术。虚拟现实是计算机仿真的极致，它以真实世界的 3D 立体空间模式，提供了几乎接近真实的呈现与操作。发展至今，仍然有国内外学者在虚拟现实技术的研究和应用方面取得十分显著的成绩。近年来，随着人们对虚拟现实技术研究和应用重要性的认识得到提升，以及仿真技术应用成本的大幅下降、图像效果的极大改善、功能的日益丰富，虚拟现实技术研究应用的成熟度和应用普及度显著提高。

虚拟现实技术具有多感知性、沉浸性、交互性、构想性，给人以真实体验是虚拟现实的终极目标。合理运用虚拟现实技术，能够化虚为实，将部分只可意会无法言传的知识内容具体化。

天文学，是人类文明中最早出现的自然科学学科，数千年来科学家经历无数次探索、实验、探究等，总结出天文宇宙的规律与运行。近些年来，天文学家不断更新创造，将人类带入宇宙探索的新纪元。在小学的科学课程学习中，学生学习天文可以锻炼学生的好奇心和想象力，提高学生的观察和分析能力，培养学生的基本科学素养和探索精神。

虚拟天文馆天文软件 Stellarium 是一款开源的天象模拟软件。它以 3D 形式展示了极为逼真的星空，就像你在真实世界使用裸眼，双筒望远镜或天文望远镜看到的一样。它在许多天文馆项目中被广泛应用。学生利用此软件观察星空，了解星座还有些神奇的景观。观察如水星凌日、日食、月食、血月、超级月亮等奇观。

Stellarium 是一款虚拟星象仪的信息技术软件，是观测星空天象的软件，可以运行在 Linux/Unix、Windows 和 MacOS X 系统上。它的更新速度很快，可以根据用户所在的位置和时间，计算天空中太阳、月球、行星和恒星的位置，并将其显示出来。它还可以绘制星座、虚拟天文现象（如流星雨、日食和月食等）、模拟日月食的形成。Stellarium 可以用作小学科学课学习星空知识的教具，还可以作为热爱天文的研究者观测星空的辅助材料，或者仅仅是满足一下好奇心。它以 3D 形式展示了极为逼真的星空，就像你在真实世界使用裸眼，双筒望远镜或天文望远镜看到的一样。它在许多天文馆项目中被广泛应用。由于其高质量的画质，一些天象馆将 Stellarium 用在了实际的天象放映中。有些天文爱好者还使用 Stellarium 绘制他们文章中用到的星图。它使用 OpenGL 实时渲染绘制天空图像，其效果与你通过肉眼、双筒望远镜或小型望远镜看到非常相似。Stellarium 的操作步骤不是很繁琐，通过了解学习能掌握基本操作步骤。

学生利用此软件观察星空，了解星座还有些神奇的景观。观察如水星凌日、日食、月食、血月、超级月亮等奇观。这款 Stellarium 在学习天文相关知识及观测天象的时候很方便快捷，可培养学生的操作实践能力以及探索精神。例如：研究四季形成时，在引导学生做完四季成因的模拟实验后，教师可以组织学生通过虚拟现实的 Stellarium 软件，收集太阳在一年四季中的高度变化数据，如宁波市每月 1 日 12：00 的太阳高度及气温。分析资料可以发现，每年的一月份和十二月份，太阳高度最小，太阳光斜射，温度最低，是冬天；七月份太阳高度最大，太阳光直射，温度最高，是夏天；三、四月份和九、十月份的太阳高度中等，太阳光在直射和斜射之间，温度不高不低，是温暖凉爽的春秋两季。下面介绍 Stellarium 的使用方法。

A Stellarium 界面介绍

（1）打开 Stellarium，可以对观测时间日期、所处的位置、星空术语、地景等模拟场景进行选择设置，如图 6-8 所示，这就打破了观测的时间、空间限制，用户可以根据特定的天文现象日期来观测。

（2）在"其他"选项中有显示行星标线，可以看到所处的黄道线、子午线、星座边界、光污染程度、银河亮度、厚度等设置和内容，如图 6-9 所示。

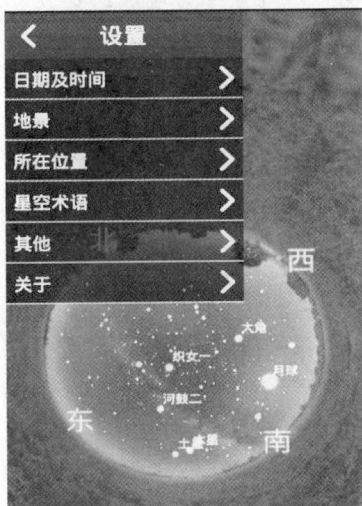

图 6-8 "设置"内容

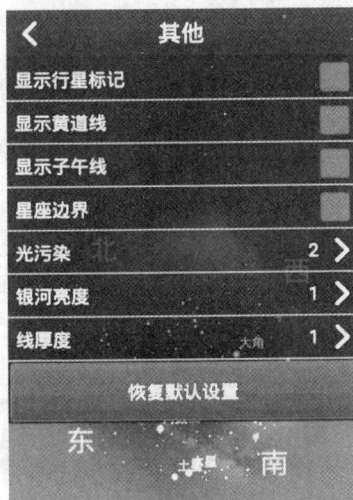

图 6-9 "其他"选项内容

（3）默认是通过 GPS 自动获取观测位置，软件也提供了手动设置观测点的功能。点击左下的按钮，再点击左下的三条横杠，选择所在位置，开始输入坐标，即可达成手动设置位置。

B 运用 Stellarium 观测日食现象

下面以观测 2009 年 7 月 22 日我国出现的日食为例介绍使用 Stellarium 的具体步骤。

2009 年 7 月 22 日我国出现了百年一遇的神奇的天文景观——日食，最好的观测景观场所就是长江沿带。中国最佳观测点在武汉，在这个地点观测，能清晰准确地看到日食的形成过程及现象。在课堂上，教师可以重回日食发生当日，带领学生以身在武汉的观测角度去看日食的整个过程。

第一步，我们需要准备移动终端或者电脑，下载安装 Stellarium。

第二步，开启 Stellarium 虚拟天文馆，启动我们的观测之旅。

第三步，我们根据最佳的观测地点及时间相应进行设置，设置在武汉。只要把两个数值调节好那就可以很容易的看到日食。

第四步，设置日期时间，定于 2009 年 7 月 22 日 8 点。因为日食时间为 8 点到 11 点左右，因此设置在 8 点，如图 6-10 所示。

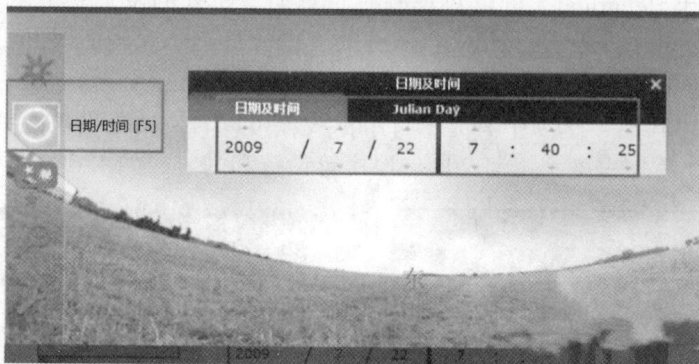

图 6-10　观测时间设置

第五步，点击三角形上的加时间，会发现在 8 点 10 多分左右，开始了日食现象，用户根据放大图像功能，更加清晰直观看到日月的间距，如图 6-11 所示。

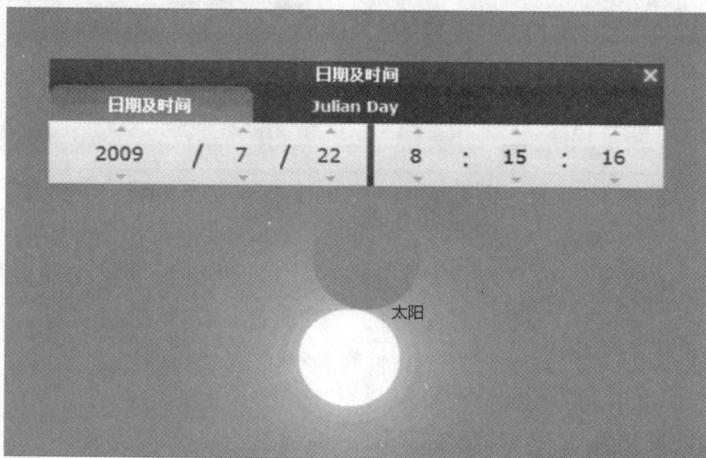

图 6-11　调整时间观测日食现象

第六步，继续加时间，经历一个多小时，会看到在 9 点多的时候达到日全食，会持续 5～6 分钟左右的时间。在相同的时间，地面上显示的都是日全食景象。

第七步，继续加时间，在 10 点半左右，日食会完成它的全部过程。观测结束。

小贴士

在使用软件过程中，若软件定位发生错误，可以按 F6，或将鼠标向屏幕左侧移动，打开"所在地点"。可以进行设置。如果觉得在地球上看不过瘾，可以按相同的操作方法，在"星球"中选择感兴趣的星球，进行相应观测。大家可以改变它的显示方式。按 F4 把鼠标移到左侧，打开"星空及显示"，在这里用户可以选择自己喜欢的观察方式进行观察。

6.2.4　引用短视频，从不同感官引导刺激

2012 年 11 月，快手转型短视频社区，2016 年 9 月，抖音短视频 APP 上线，短视频逐渐成为信息传递的主要形式。近年来，越来越多的科普专业机构和科学研究个体开始利用短视频平台发布科普、教育类短视频。2019 年 3 月，中科院科学传播局、中国科协科普部、中国科技馆、字节跳动公司联合发起了名为"DOU 知计划"的全民短视频科普行动。随着"DOU 知计划"发起，钱七虎、匡廷云、陈翰馥、卢耀如等 13 名两院院士及中科院古脊椎动物及古人类研究所所长、研究员邓涛等 25 位知名学者和科普创作者成为"抖音科普顾问团"成员。这些短视频平台不再只是娱乐、网络销售的工具，也成为传递速度最快、传播范围最广的教育信息传播工具。这些短视频平台上的科普教育短视频下载方便，便于教师运用于课堂教学演示。

实验心理学家赤瑞特拉（Treicher）做过的两个著名的心理实验，证实人类获取的信息 83% 来自视觉，11% 来自听觉，这两个加起来就有 94%。人们一般能记住自己阅读内容的 10%，自己听到内容的 20%，自己看到内容的 30%，自己听到和看到内容的 50%。那么，通过视频，刺激学生的视觉和听觉，让学生从多感官接受刺激，不仅非常有利于知识的获取，而且非常有利于知识的保持。

在短视频平台选择短视频时需要注意视频的筛选，毕竟短视频平台门槛低，全民皆可制作短视频，所以教师在筛选时尽量选择专业机构官方平台或者专业性较强的个人用户，比如中国科学院旗下"中科院之声""中科院物理所"中国科技馆旗下"神奇实验室"等都属于学院派专业科普抖音用户，可以关注。还有"地球村讲解员""地球频道""宇宙视角"等粉丝量过百万的草根派科普达人，也值得关注。

短视频平台资源浩瀚如海，需要教师仔细分辨内容科学性、真实性，这就需要教师具备较高的科学素养和信息素养。

下面以抖音短视频为例，介绍如何查找下载短视频。

第一步，下载并安装抖音 APP。

第二步，点击右上角放大镜图标，在光标闪动区输入查找关键字，这里输入"地球视频"。

第三步，直接滑动屏幕，预览搜索到的视频，在搜索出来的众多短视频中选择需要的视频。

第四步，点击进入选择的视频，点击右下的分享小箭头，然后选择"保存本地"，这个小视频就被下载到移动终端，视频格式为 MP4。

6.3 应用案例

6.3.1 案例：地球表面的地形

课题	地球表面的地形	教学对象	小学三年级学生	课型	观察探究课
教材分析		《地球表面的地形》是《地球表面及其变化》这一单元的第一课时，本课内容具有总导作用，大致让学生了解认识地球表面的地形及整体概况。本课是学生初步认识地形图的一课，让学生通过实际图片再到地形图的一个过程，从而初步认识观察地形图的方法，同时这样的观察又是开放的，具有探究性。			
学情分析		学生对实际地形能够感性认识的只有平原、海洋、山等，对高原、丘陵、峡谷、盆地以及丘陵与山地的区别等没有感性认识，更难以从理性上去认识这些地形。学生对地球表面地形的认识也很片面，不能从整体上去认识地形，不能在脑海中形成一个地球表面地形的简单的概念图。			
教学目标		科学概念目标： 地球表面有海洋、高原、高山（山地）、盆地、丘陵、峡谷、平原、山脉、河流等多种多样的地形地貌，地球表面是高低起伏、崎岖不平的。 过程与方法目标： 观察描述常见地形的特点； 会看简单的地形图，能在地形图上指认地形。 情感、态度与价值观目标： 培养对地球表面地形研究的兴趣，能自觉关注和收集相关的信息。			
教学重点		通过 Google Earth 的软件教学，知道典型地形地貌的特点。			
教学难点		从地形图中抽象出整个地球地表地形地貌的分布和特点。			
教学准备		中国地形图、世界地形图、Google Earth、多媒体课件、记录单。			

续表

教学环节	教学内容	师生活动	设计意图
聚焦	视频导入揭示课题	师：今天我们要学习新的一单元，关于我们赖以生存的家园——地球，下面我们先通过一段视频了解一下地球的全貌，并仔细观察一下地球表面都有什么？ 师：你们看到的地球表面有什么？ 生：陆地、海洋、山川、河流、平地…… 师：这些就是我们今天要学的《地球表面的地形》。	学生对地球有很多概念，感觉是司空见惯的课题，通过视频引入，让学生领略地球地形的丰富多样，直观感受，激发学生的求知欲和探究热情。
探索	观察地形总结特征图画描绘深入了解	师：地质学家将基本地形分为高原、山地、平原、丘陵、盆地，今天老师将带领大家环球旅行，领略这些地形地貌。每到一个地方，同学们要完成记录单1的相关内容，下面我们就出发了。 师：利用 Google Earth 软件来到第一站珠穆朗玛峰。 生：完成记录单。 师：利用 Google Earth 软件来到第二站亚马孙（逊）平原。 生：完成记录单。 师：利用 Google Earth 软件来到第三站巴西高原。 生：完成记录单。 师：利用 Google Earth 软件来到第四站刚果盆地。 生：完成记录单。	学生身临其境，直观观察，获得一手学习资料。用简图进行记录和描述，加深记忆。利用 Google Earth 分别认识高原、山地、平原、丘陵，选取各种地形中最出名且最有特征的地点，看到高清影像，开阔学生眼界，感受大自然的鬼斧神工，培养对地球表面地形研究的兴趣。
研讨	交流讨论发现新知	生：学生汇报记录单内容。 师：总结学生答案，及时补充形成科学性总结。	提升学生总结和合理表达的能力，能够增强学生的自信。
拓展	学以致用	师：除了利用 Google Earth 软件了解地形，还可以利用地形图来判断地形，下面根据我国的地形图和世界地形图来完成记录单2吧。 生：完成后交流汇报。 师：总结学生回答。 师：刚刚我们的旅行中有一个基本地形没有去，大家看看是哪个地形，课后自去旅行并填入记录单1吧。	对比地形图总结经验，掌握类比方法。课后自主完成活动，检验学生掌握情况，为后续学习做准备。

附件 1　　　　　　　　　　　**地球表面的地形记录单**

<table>
<tr><td colspan="2">地球表面的地形</td></tr>
<tr><td>地点</td><td></td></tr>
<tr><td>地形</td><td></td></tr>
<tr><td>特点</td><td></td></tr>
<tr><td>画一画</td><td></td></tr>
</table>

附件 2　　　　　　　　　　　　**观察地形图记录单**

蓝色	绿色	黄色	红点	白色

其他发现：

　　该案例教学内容选自《地球表面的地形》，是《地球表面及其变化》这一单元的第一课时。本课教材中主要安排了两个活动内容：第一，我们所看到过的地形，这一活动内容主要是让学生通过回忆曾经去过或见到过的地形来相对应说出这一地形特点的地貌特征，这一认识从实到形，是学生认识事物的一个转变；第二，观察地形图，这一活动步骤主要是让学生通过进一步观察地形图来了解我国地形结构和地球表面地貌特征状况。

　　本课设计时，从地球整体入手，利用 Google Earth 软件展示卫星图的立体地形的局域观察，Google Earth 不仅有高清影像，还可以在 Google Earth 左侧搜索栏检索你想去的地址。输入地址，点击搜索，可以立即飞到目的地，让学生感受一秒环游世界，引发学生对探究地形的兴趣，自主收集各类有关地形的信息。最后再通过对地形图的研究，在学生脑海中形成一个有关地球地形的整体意识。

6.3.2　案例：日食和月食

课题	日食和月食	教学对象	小学六年级学生	课型	实验探究课
教材分析					
学情分析					

课题	日食和月食	教学对象	小学六年级学生	课型	实验探究课
教材分析	《日食和月食》是教科版《科学》教材六年级下册第三单元《宇宙》第四课内容。本课教学从"了解日食现象""推测日食成因""推测月食成因"三部分展开。学生对于"日食和月食"这两种天文现象都有所耳闻，并且有着浓厚的兴趣，所以本课内容是基于对宇宙、天体两部分内容展开的进一步探索。
学情分析	六年级的学生经过三年的科学课程学习，已经形成了一定的科学态度，并掌握了一定的科学方法和能力，比如模拟实验、类比推理能力。教材对月食部分的光学传播原理只进行了简要介绍，重点突出了科学探究的思路和方法。让学生通过模拟实验推理、总结月食产生的原因。这种方法能够充分激发学生的探究热情，锻炼学生的逻辑推理能力。

教学目标	科学概念目标： （1）日食和月食是太阳、地球、月球三个天体运动形成的天文现象。 （2）月球运行到太阳和地球中间，地球处于月影中时，因月球挡住了太阳照射到地球上的光形成日食。而月食则是月球运行到地球的影子中，地球挡住了太阳射向月球的光。 过程与方法目标： （1）运用已有知识对现象进行猜想。 （2）通过实验去反复验证猜想。 情感、态度与价值观目标： （1）激发学生科学探究的兴趣。 （2）意识到设计科学探究方案的重要性。 （3）敢于大胆的想象，表达自己的想法。		
教学重点	引导学生探究日食的成因以及独立探究月食形成的原因。		
教学难点	根据模拟实验中的现象进行逻辑推理，推测日食和月食的成因。		
教学准备	手电筒、大小不等的乒乓球、三维太阳系模型 APP、多媒体交互课件、"学生的头"、实验报告单。		
教学环节	教学内容	师生活动	设计意图
聚焦	故事导入 揭示课题	师：讲述"天狗食日"的故事，提问学生：你们知道这种现象吗？可以互相讨论并说说自己的看法。 生：思索、回忆、讨论、回答教师的问题。 师：请同学们带着疑问认真观看课件内容，并将日食的特点填写在实验报告单相应位置。 生：观看课件、填写实验报告单。	同学们在日常生活和学习中对"天狗食日"的故事并不陌生，但是"天狗食日"究竟是如何形成的？形成的条件是什么？ 形成的过程中有哪些特点？同学们对以上问题没有一个清晰的认识，通过"天狗食日"的故事和课件日食视频，同学们会对日食的现象有一个整体上的把握。
探索	学习新课 实验验证	师：视频中，挡住太阳的物体是什么形状的？ 生：圆形、球形。 师：太阳被遮挡的过程是从哪边开始，哪边结束的呢？ 生：逆时针、自西向东。 师：究竟是什么天体遮挡住了太阳？ 生：月球。	运用现代教育技术，通过手机端 APP三维太阳系模型投屏演示日食的过程，让同学们进一步认识天体的运动，采用模拟实验验证同学们的猜想，并培养学生自学的能力和动手操作能力。

续表

教学环节	教学内容	师生活动	设计意图
探索	学习新课 实验验证	师：学生分小组进行实验，验证以上猜想。一生用手电筒代表太阳，一生用大乒乓球当月球自西向东运转，一生用小乒乓球绕大乒乓球旋转一周，小组其他同学观察在什么情况下看不见太阳。各小组模拟实验完成后，总结日食的形成原因，并填写实验报告单。 生：当月球运动到太阳和地球中间，处于同一直线上，太阳射向地球的光就会被月球挡住，这时就会在地球上形成影子，地球上处于影子中的人，只能看到太阳的一部分或者全部看不到，于是就发生了日食。	运用现代教育技术，通过手机端 APP 三维太阳系模型投屏演示日食的过程，让同学们进一步认识天体的运动，采用模拟实验验证同学们的猜想，并培养学生自学的能力和动手操作能力。
研讨	交流讨论 发现新知	师：知道了日食是怎样发生的，那月食呢？ 生：小组讨论，思考推测。 师：用模拟日食的实验材料进行模拟实验，验证猜想是否正确。 生：猜测在月球运动过程中，三者处于同一条直线上时，地球会挡住太阳射向月球的光，这时地球上的人们就会观察到月食现象。 师：播放月食视频，让学生系统了解月食形成的原因，达成本节课的教学目标。	通过模拟实验，使学生能够更好地把猜想和实验验证结合在一起，使学生认识到猜想需要实验验证，在动手思考的同时，能够利用科学知识更好地进行实验探究。
拓展	学以致用	师：简单总结本节课的内容，引导学生画出日食和月食的示意图。 生：总结本节课所学知识，完善实验记录本。	使学生善于运用现代教育技术交互课件以及手机 APP 辅助学习。并能够学以致用，突出学习科学可以更好地服务社会的主题。

　　该案例选自《科学》六年级下《宇宙》单元第四课。六年级的学生基本都知道有日食和月食的现象，对太阳系中的八大行星有所了解，但是对于日食和月食的发生原因、特点等都含糊其辞。本课教师先让学生根据"天狗食日"的故事猜测可能是谁遮挡住太阳光，从而发生了日食现象，孩子们的猜测有月球、水星、金星、地球等，接着教师播放"日食"的视频，然后通过引导学生进行模

拟实验，进行分析验证自己的猜想，从而了解日食形成的原因。

　　教学中难点的突破在于模拟实验的设计与操作，对于天体运动，学生们的了解还是十分有限的，所以设计实验确实有难度。为此教师运用课件动画、辅助视频、手机 APP "三维太阳系模型" 来为学生演示日食的过程。课前播放的日食视频，让学生对于日食有了初步的了解，发现遮住太阳的遮挡物是从右边进入太阳，慢慢往左运动。模拟实验中，同学们发现当月球运动到太阳和地球中间，处于同一直线上，太阳射向地球的光就会被月球挡住，这时就会在地球上形成影子，地球上处于影子中的人，只能看到太阳的一部分或者全部看不到，于是就发生了日食。

　　经过了教师—学生共同探究日食的成因，对于月食的成因就完全让学生自行探究，学生通过摆放乒乓球和头的位置，了解月食的形成。事实也证明学生，懂得举一反三，活动开展较好。

7 技术与工程领域信息化教学策略

　　人类观察自然、研究各种现象产生和变化的原因而产生科学，科学的核心是发现。科技是人类对科学加以巧妙运用以适应环境、改善生活而产生，技术的核心是发明。人类为实现自己的需要，对已有的物质材料和生活环境加以系统性的开发、生产、加工、建造等，这便是工程，工程的核心是建造。运用科学、技术和工程，人类创造了丰富多彩的人工世界。

7.1　技术与工程领域的教学内容分析

　　技术与工程领域的学习可以使学生有机会综合所学的各方面知识，体验科学技术对个人生活和社会发展的影响。技术与工程实践活动可以使学生体会到"做"的成功和乐趣，并养成通过"动手做"解决问题的习惯。

　　纵观社会发展史，特别是现代社会发展史，工程技术在社会发展的历史过程中扮演着越来越重要的角色，起着不可替代的作用。可以说，工程技术既是新生产力的源泉，也是满足人们精神生活和物质生活的源泉。工程技术的社会功能之大、社会公用之大，已超过了历史上的任何一个时代。

　　"技术"和"工程"这两个概念是新课程标准新增的。《义务教育小学科学课程标准》增加"技术与工程领域"的相关内容，不仅丰富了小学科学教育的内涵，也使儿童获得了更广阔的发展空间，对小学科学教师来说是新的挑战。小学阶段的工程技术实践活动与科学探究活动具有同等重要的地位和作用，是小学科学教育中不可分割的两个方面。

7.1.1　科学、技术、工程三者之间的关系

　　人类观察自然、研究各种现象产生和变化的原因，而产生科学。科学能够回答儿童关于自然的"为什么"。技术是应用科学知识解决我们生活中的实际问题（难题）和改造周围世界的活动，就是所谓的发明和创造。[1] 一项工程包含若干技术系统。在 2017 版《义务教育小学科学课程标准》中指出：科学的核心是发现；技术的核心是发明；工程的核心是建造。可以说，科学帮助儿童认识自然界，技术与工程是要帮助他们改变自然界，当然，这种改变有利也有弊。

──────────────

❶ 刘恩山. 义务教育小学科学课程标准解读［M］. 北京：高等教育出版社，2017：124.

技术一直贯穿人类社会发展过程，对社会物质生产和文明建设都起到了决定性作用。从科学技术发展历程来看，技术的存在要远远的先于科学。尽管最终目的不同，它们在许多领域联系密切。科学家们使用的工具，例如显微镜、天平和计时器都是从工程学中产生的。而科学理论，例如运动定律、电磁之间的关系、原子模型等则对工程学做出了极大的贡献。工程学与技术之间又有区别，工程学是为了解决问题而进行的一种系统的实践活动，而技术则是这种实践活动的结果。《基础教育阶段科学教育的框架：实践、跨学科概念与核心概念》中已经用"工程设计"代替了"技术设计"，更加重视设计的实践过程而不是最终的结果。

在小学科学课程内容标准中增设"技术与工程"领域，意图通过组织学生对日常生活难题和自然事物的探究和改造，让学生积累经验，增长知识，提升能力。在这个过程中，学生通过观察、实验、制作、建模和推理来获取知识；依据技术与工程学的程序和方法来探讨、论证、制作和发明，因而发展了实践能力、思维能力和运用科学知识解决问题的能力。

一般而言，科学是对自然界客观规律的探索，科学的任务是要有所发现，从而增加人类的知识和精神财富。科学知识的基本形式是科学概念、科学假说和科学定律，科学活动最典型的形式是科学研究，包括科学实验和理论研究，进行科学活动的主要社会角色是科学家。技术是改造世界的手段、方法和过程，它要求在科学认识的基础之上有所发明，从而增加人类的物质财富并使人类生活得更美好。技术知识的基本形式是技术原理和操作方法，技术活动的最典型方式是技术开发，包括发明、拓展、重组、创新等，其主要社会角色是发明家。工程是实际的改造世界的物质实践活动和建造实施过程，工程要有所创造，从而为人类生存发展条件建造所需要的人工自然与物品。工程知识的主要形式是工程原理、设计和施工方案以及建造出来的物品等，工程活动的基本方式是计划、预算、执行、管理、评估等，进行工程活动的基本社会角色是工程师。

7.1.2 对人工世界和自然世界的认识

亚里士多德给自然物下过一个定义，他认为自然物有两个特性：自在性和内在性。自然物的自在性，是指自然物的各种形态，无论多么像人工雕琢，但一定是自己形成的，而非假于人力。自然物的内在性，是指形成自然物结果的力量是来自自然物内部，是自然物或自然界内在的机制促使它形成自身的模样，而非听命于人类。自然世界指的是由自然物构成的世界，是自然界存在的具有实体与能量的物质的总和。自然物就是天然生成之物，具体说来就是不经人力干预而天然生成之物，在地球上原本就有的或经过自然作用产生的，如鸟雀、野兽、鱼虫、草木、矿物等。比如植物和动物都有自己的生命节律。

人工世界是由人类利用科学、技术创造出来的世界，由各种各样的人造物构成，比如，计算机、电话、飞机、汽车、高速公路等等都是人工世界的人造之物。如今有很多人造之物完全模仿自然物的样子，但是人造的不能具备自然物的本质特征，即使运用杂交、克隆等生物技术去赋予人造物以自然物的本质特征，也依然是由人类创造出来的，有人为因素在其中。

7.2　技术与工程领域的教学策略

2017版《义务教育小学科学课程标准》有几个新变化，第一是课程性质的变化，将原来的科学启蒙课程变为基础课程。第二是课程开设年级范围的变化，将小学科学课程开设年级从原来的3～6年级变为1～6年级。第三是课程内容的变化，新增了"技术与工程领域"的课程内容。在这些变化中更突出了对"整个人"的培养，尤其是"技术与工程领域"的增加，这一领域的内容更强调让学生动手"做"，让学生在"做"中体会科学技术的魅力，体会实践的乐趣，在"做"中解决问题，在实践中实现创新，创造价值。

7.2.1　技术工程实践活动与创客教育相结合

7.2.1.1　创客教育

近年来，随着社会的发展，科学的进步，创客成为一种流行语走进了人们的视野。在当今的学术界，学者们对于创客这一概念并没有一个标准化的评定。或许这也正体现了创客包容性与多元性的特点。创客中"创"指创造，"客"指从事某种活动的人，"创客"本指勇于创新，努力将自己的创意变为现实的人。创客对应英文单词"Maker"，源于美国麻省理工学院微观装配实验室的实验课题。正如《创客：新工业革命》的作者克里斯·安德森所言"创客是一群以创新为基本追求，通过借助各种数字化、智能化的工具，努力把各种创意转变为现实的人群"❶。我国学者杨现民（2015）认为，创客既是一群喜欢或享受创新的人，又是一种文化，一种态度，一种学习方式。❷ 杨刚（2016）认为，创客的本质是以创新满足需求，热衷于创意、设计、制造的人群。这一群体体现着明显的特征：创新、分享、实践。❸ 从上述学者对创客的界定来看，创客即有创新的思维，善于创新，且能将自己的创新借助一些技术工具表现出来并乐意分享的创造者。

创客教育是教育与创客运动结合出来的产物。创客运动的理念为创新、动手、合作、分享。创客教育的教育目标是要培养人的创新能力、动手操作能力、

---

❶ 克里斯·安德森，创客：新工业革命［M］．北京：中信出版社，2012：25.

❷ 杨现民，李冀红．创客教育的价值潜能及其争议［J］．现代远程教育研究，2015（2）：23-34.

❸ 杨刚．创客教育：我国创新教育发展的新路径［J］．中国电化教育，2016（3）：8-13，20.

合作与分享的能力，强调学习者也是一个创客，学习者学习的过程也是创新的过程，还要注重将学习者不一样的想法去变得具体化、作品化。这个目标与小学科学技术与工程领域中，技术与工程的核心发明、建造，运用科学技术和工程创造丰富多彩的人工世界有着共同的导向——创造。

近些年来，随着创客教育的热度与日俱增，在我国的发达地区，很多的学校进行了创客教育的实践探索，甚至会联合教育机构开设创客课程，但是这些课程并不强调科学概念的学习，更注重是否能按照步骤完成作品，具有一定的局限性。如果将创客教育与小学科学课相结合，把小学科学课作为创客教育的基础。通过小学科学课上学习，学生能够掌握相关科学知识、科学概念、科学方法，课下将技术与工程的实践环节延伸，融入课下创客教育活动中，二者的结合才能真正达到培养具有创新精神和实践能力人才的目标，更能够增加学生对科学学习、科学探究的热情，也使得学生在课程中体验到了成功的乐趣。

在教学环境方面，创客教育与小学科学也有交叉。创客教室的学习媒体不仅包括计算机，在器材方面侧重于主要是 3D 打印笔和 3D 打印机。在小学科学的技术与工程领域，3D 打印技术也有较高的教学应用价值。创客教育中还有运用 scratch、mBlock 等编程软件进行编程思维训练的内容，这与小学信息技术有交叉，同时，不论是编程还是 3D 打印，都是以项目的形式逐步开设课程，在项目的研究过程中，研究简单的技术原理，进行简单的科技作品制作和工程设计，其中的完成项目的流程是基本一致的。

7.2.1.2 创造利器——3D 打印技术

21 世纪，随着信息的传播与科技的进步，一些新型的技术逐渐走进了人们的视野，同时也走进了技术、工程与教育等多个领域。3D 打印技术作为众多新兴技术中的一种，逐渐被人们所熟知。简单来说，3D 打印就是一种快速成型的技术，它以数字模型文件为基础，运用粉末状金属或塑料等黏合材料，通过逐层打印的方式来构造物体。运用 3D 打印技术打印出来的物体是一个完完全全的立体结构，给人以更加直观清晰的视觉感受。

目前 3D 打印技术已经在汽车制造、航空航天、医疗等多个领域应用，随着创客教育在小学中的推进，3D 打印作为创客教育的教学工具之一也走进了教育领域。

3D 打印技术在美国已存在相当长的时间，在美国，3D 打印技术与技术工程等教育领域的结合以明尼苏达项目为例，在 1933 年，该项目开始实施，这是一项在短期内教授学生有关航空航天等有关知识的短期课程，主要的目的就是让学生了解、设计、安排火星探索的过程并建设出火箭的模型，在实现这个项目的过程中，3D 打印技术就扮演了极其重要的角色。其具体的教学过程如下所示：在教学活动开始之前，先安排学生搜集与火箭以及航空航天领域等相关的基础知识，搜集相关的数据以及学习有关火箭模型设计的知识。其次，在课堂上，利用 3D 打印机将所设计的火箭模型打印成实体。再次，对该火箭模型进行试飞，并记录过程数据，例如：飞行路径、飞行高度、飞行距离等等。最后，对所得出的数据进行分析整理，交流讨论出影响该火箭飞行的因素，得出结论。

在这个过程中 3D 打印技术对该领域的学习就起到了关键作用。第一，激发了学生的学习兴趣，使学生积极投身于真实的学习情境；第二，3D 打印技术大大缩短了时间成本，提高了学习效率；第三，提高了学生动手实践能力，培养学生的创造力和想象力。

在中国，3D 打印技术也在迅速的发展，在山东胶州目前已有十多所小学开设了有关 3D 打印技术的课程，并引起了较大反响；南京市秦淮区马府街小学已经成为 3D 打印技术创新型技术的试点小学；上海的协和国际学校，也在教授学生通过利用 3D 打印技术探索宇宙小行星的相关知识，并设计出相关模型开展教学；上海市闸北区和田路小学在 2012 年 9 月先后开设了 3D 打印技术的校本课程，主要提高学生运用 3D 打印技术的水平，并将复杂的知识简单化，培养其创新性思维能力。

这些项目都是让学生们置于一种真实的模拟情境中，让学生们发挥自己的创造力及想象力去解决某一实际问题，从而让学生掌握一定的专业知识，而且在利用 3D 打印技术从设计建模再到最终的具体实物的过程中，都有专业的相关教育教师进行指导、帮助，共同协助完成学习任务。

7.2.2　小学科学教学与 STEAM 教育相结合

教育部在 2017 年 1 月 19 日印发了《义务教育小学科学课程标准》（以下简称《标准》），在《标准》中提出了学科关联的建议，倡导跨学科学习方式（STEM），更前沿的即 STEAM，以项目学习、问题解决为导向的课程组合方式，它将科学、技术、工程、艺术、数学有机地融为一体，有利于学生的创新能力的培养。为了更好地实施《标准》，更好地为社会培养合格的人才，引入 STEAM 教育与科学教育的研究十分重要。

那么什么是 STEAM 教育？

21 世纪随着现代科学和技术迅速发展，一些先进国家为培养"未来型"综合素质人才，开始对学校的教育方法和教育过程进行研究和改编。STEAM 教育最早由美国学者提出，简单说 STEAM 包括 Science（科学）、Technology（技术）、Engineering（工程）、Art（艺术）、Maths（数学），但是 STEAM 教育并不是指单纯这五个学科的学习，而是要打破学科之间的界限，以项目学习为基础，问题的解决为导向，注重学习与现实的联系，注重的是学习的过程而不是考卷，让学生动手实践完成自己感兴趣的项目，从其中学到各个学科的知识❶。

STEAM 是一种教育理念，有别于传统的单学科、重书本知识的教育方式。STEAM 是一种重实践的超学科教育概念。任何事情的成功都不仅仅依靠某一种能力的实现，而是需要借于多种能力之间，比如高科技电子产品的建造过程中，不但需要科学技术，运用高科技手段创新产品功能，还需要好看的外观，也就是艺术等方面的综合才能。所以单一技能的运用已经无法支撑未来人才的发展，未来我们需要的是多方面的综合型人才，从而探索出 STEAM 教育理念。

由此可见 STEAM 教育是符合信息化社会的新未来式教育方式。如今社会已经进入高速信息化时代，为培养具有国际竞争力的综合型人才，进行符合中国特色的科学教育教学改革势在必行。因此对 STEAM 教育的研究并本土化是现今科学教育工作者的重要任务❷。

在课程中运用 STEAM 教育理念是小学科学自身需要。小学科学课程是一门基础性课程，早期的科学教育对一个人科学素养的形成具有十分重要的作用；小学科学课程是一门实践性课程，探究活动是学生学习科学的重要方式；小学科学是一门综合性课程，理解自然现象和解决实际问题需要综合运用各个领域的知识与方法。

鉴于以上三点可以看出科学课程有别于其他学科，单一的教授法与讨论法教学是远远不够的；科学学科的学习更需要一个匹配的教学模式，在基础教育阶段引入 STEAM 教育并将其运用于科学教学中让学生通过自己不断地解决问题，探索探究，动手动脑学习科学，从而养成科学的思维方式。学科间融合的教育模式同时激发学生兴趣，增强他们对知识的理解，发掘学生在科学上的潜能，培养他们的创造力。由此可见 STEAM 教育在小学科学课程中运用的研究十分必要。在课程中运用 STEAM 教育理念是新课程标准的要求。2017 年 1 月 19 日教育部印发《义务教育小学科学课程标准》（以下简称《标准》），小学科学课程再一次受到教育界与社会的重视。随着科技的发展，我们的教育方式已不只限于书本教育。更多的是发展学生的动手能力与活跃思维。在《标准》中提出了学科关联的建议，倡导跨学科学习方式，STEAM 是以项目学习、问题为导向的课程组织方式。这种方式更利于学生创新能力的培养，并建议科学教师尝试运用在自己的教学实践中。随着 Arts（即艺术）的加入使理念更加全面。可见本次新课改十分重视科学与其他学科的关联学习，STEAM 作为最前沿的跨学科学习方式，对学生的未来发展起着关键作用。由此可见 STEAM 教育在小学科学课程中运用的研究十分

❶ 李佩宁. 什么是真正的跨学科整合［J］. 人民教育. 2017 第 11 期：76-77.

❷ 钟秉林. STEAM 教育如何本土化［N］. 人民政协报，2017-04-05（第 009 版）.

必要。在课程中运用 STEAM 教育理念是学生自身发展的需要，培养好学生就是为社会输送合格的人才，这是教育义不容辞的责任。

当今社会对全能型、综合型人才的需求量增加，为使我们的学生更好地适应社会的发展，STEAM 教育应用于科学课程的实施更加必要，让学生掌握跨学科学习的思维方式，将科学与各学科融合，对学生的科学知识的掌握、科学素养的形成、科学探究方法的运用都有着积极的意义。STEAM 教育下的学生有着极强的解决问题的能力和多领域知识与技术的综合运用能力以及创新能力。

小学科学教学中推进 STEAM 有利于促进学生全面发展。在小学科学教学中推进 STEAM 活动，能够为小学生建立一个新的桥梁，为小学生提供一个整体认识世界的机会。通过把这五个领域内的科学知识的教与学整合到一种教学范例中，使学生学习的零碎知识变成一个相互联系的统一整体，有利于学生综合能力、创新能力、跨学科思维能力的提升，有利于促进学生全面发展。

小学科学教学中推进 STEAM 教育理念，有利于促进小学科学教育体系的改革。在小学科学教学中推进 STEAM 活动，关系到学科重组、教育体制变化以及学科衔接的问题，是一项大工程。小学科学教师要敢于大胆地对小学科学中有关 STEAM 教育的素材进行梳理和重组，通过与其他学科教师合作，共同设计将 STEAM 教育与小学科学教学相关的内容有机结合，鼓励更多的小学教师从事到 STEAM 相关教育研究当中，有利于教师从课程、教法、学生学习等多个角度开展系统的研究，有利于整体设计各个学段的相互关系，有利于促进小学科学教育体系的改革，提升教学质量。

7.2.3　图示化表达设计流程

流程图是流经一个系统的信息流、观点流或部件流的图形代表。流程图主要用来说明某一过程。这种过程既可以是生产线上的工艺流程，也可以是完成一项任务必须的管理过程。

流程图有时也称作输入-输出图。流程图直观地描述一个工作过程的具体步骤。流程图对准确了解事情是如何进行的，以及决定应如何改进过程极有帮助。这一方法可以同样适用于教师，能让教师更直观地掌握教学环节。作为诊断工具，它能够辅助教师教学，让教师清楚地知道，教学环节会出现哪些问题，从而确定出解决方案。

流程图使用一些标准符号代表某些类型的动作，如决策用菱形框表示，具体活动用方框表示。但比这些符号规定更重要的，是必须清楚地描述教学过程的顺序。也可用于设计改进教学过程，具体做法是先画出教学设计，标注好应该怎么做，再将其与实际情况进行比较。

在科学课堂中使用流程图，不仅能帮助老师理清教学思路，也能够有效地帮助学生记忆学习中的重点难点。如今市场上有许多软件能够进行流程图绘制，我们以亿图图示软件为制作环境，以案例2"造一艘小船"教学流程图为例，介绍流程图的制作过程，效果如图7-1所示。

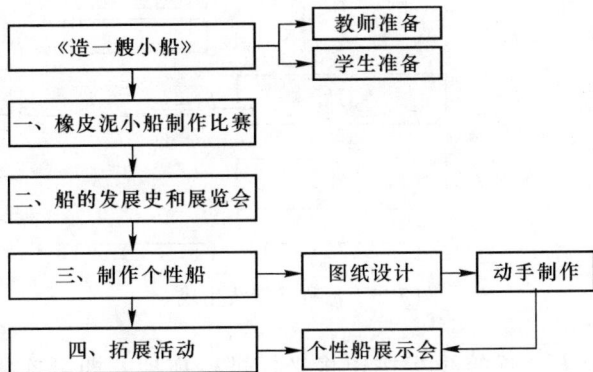

图7-1 "造一艘小船"教学流程图

第一步，打开亿图图示软件，点击"新建"，选择"流程图"类模板，然后选择"基本流程图"。

第二步，从左侧"符号库"内选择"基本流程图形状"双击，即可在新建的空白基本流程图绘图页面内添加流程图形状，如图7-2所示。

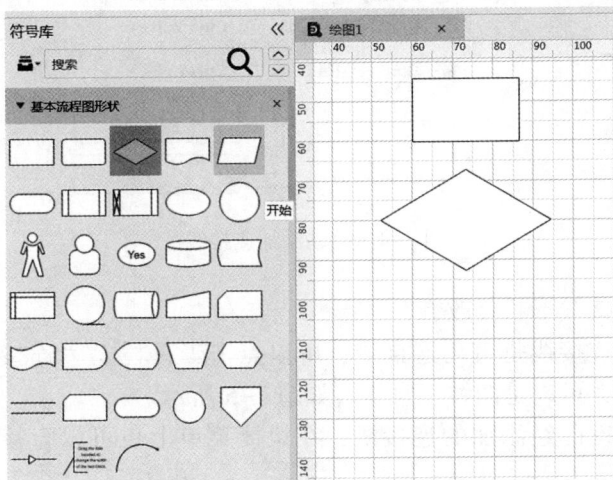

图7-2 添加流程图基本形状

第三步，在形状周围移动鼠标，会显示出蓝色的自动连接箭头。点击方向箭头，即可形成下一步流程箭头，如图7-3所示。

第四步，如果我们需要在一个形状下连接多个形状，我们需要手动添加连接

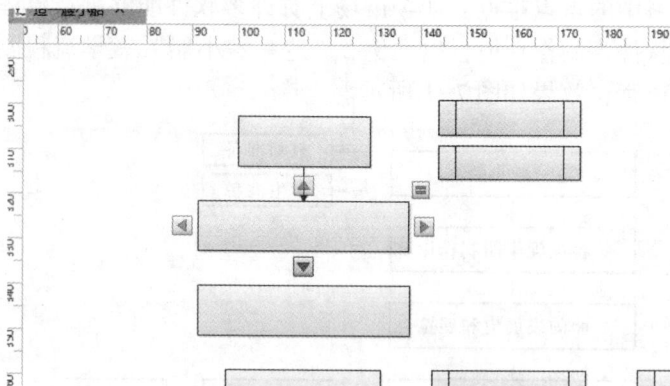

图7-3　流程连接线生成

线。方法：点击上方"连接线"按钮将光标进行拖拽，即可连接多个形状，如图7-4所示。

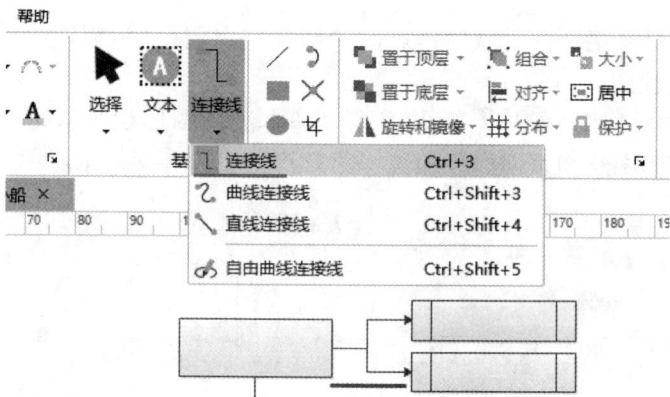

图7-4　手动添加连接线

第五步，连接线形状修改。

初始设置中连接线是直角连接线，可以点击工具栏上"连接线"功能按钮选择连接线形状，可以是曲线、直线，如图7-5所示。

第六步，右键已经添加的连接线，在快捷菜单上也可以直接更改连接线形状，如图7-6所示。

第七步，文本编辑。双击形状或连接线，即可进行文字的编辑。

第八步，形状格式设置。选中一个文本框，在右填充等窗格可对其进行填充等格式操作，使流程图形状看起来更有层次，更美观。

第九步，重复第二步至第八步，按照图7-1添加流程图形状和连线。

第十步，点击"导出"按钮，将制作好的流程图导出为需要的格式。

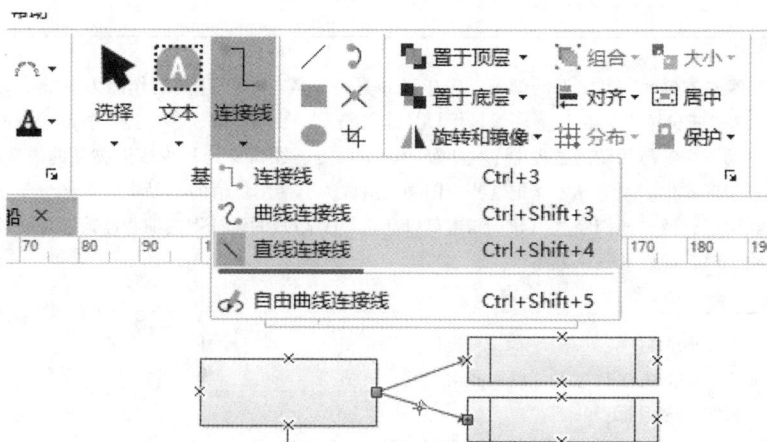

图 7-5　连接线形状选择

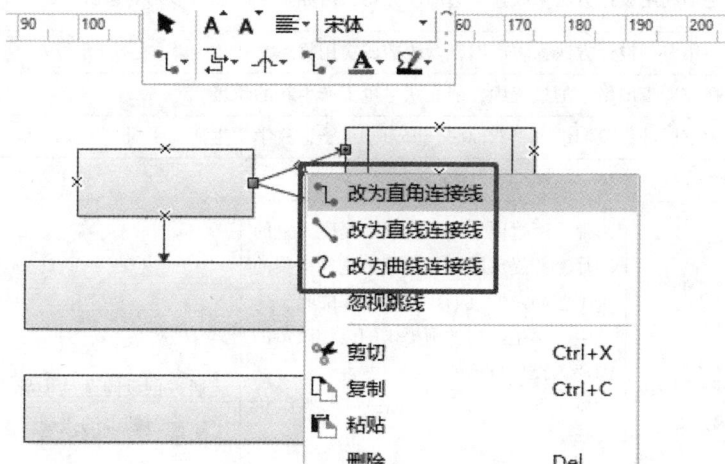

图 7-6　右键连接线设置形状

7.3　应用案例

7.3.1　案例：巧改废弃物

课题	巧改废弃物	教学对象	小学六年级学生	课型	实践课
教材分析	本课是选自粤教版《科学》六年级下册第一单元《小小设计师》的第六课。本课的主要目标是引导学生在生活中综合运用本单元所学的设计知识和技能，切身体验到我们可以通过设计改变生活。通过生活中的案例，激发学生学习科学的兴趣。				

学情分析	经过本单元前几节课的学习，学生已经具备了较好的设计和制作能力。学生对"变废为宝""减少垃圾丢弃"等环保宣传口号非常熟悉，他们可能还参与过一些改造废旧物的宣传活动。在参与活动的过程中，六年级的学生可能已经留意到不少废旧物品的改造不够实用，过于形式化。但怎样才能把这些废旧物改造成为有使用价值的物品呢？大部分学生可能没有经历过，但当他们经过引导，知道可以通过 DIY 巧妙的设计把废旧物品改造成有使用价值的物品时，他们会很乐意参与。
教学目标	科学概念目标： 生活中的大多数垃圾可以回收再利用。 科学探究目标： （1）能够综合运用本单元学习到的设计方法，对日常的废弃物进行改造。 （2）能够对废弃物改造的样品进行客观的评价。 科学态度目标： 主动利用设计方法来改造身边的废弃物，培养学生的环保节约的意识。
教学重点	运用多种设计方法，将废旧纸盒改造成实用物品。
教学难点	在改造废旧纸盒的过程中，能注意尽量不产生新的垃圾。
教学准备	教学课件，废旧纸盒，双面胶，剪刀，锥子，科学学生活动手册。

教学环节	教学内容	师生活动	设计意图
聚焦	问题导入 揭示课题	师：通过课件向学生展示变废为宝的图片，并提出问题：你相信这些精美的手工艺品是通过旧物改造得来的吗？ 生：学生根据教师提供的废物改造的图片，提出自己的看法。 师：那我们就一起来动手操作试试吧。 师：在动手操作之前，老师要强调课堂中的注意事项。 生：认真听讲。 师：提问即强调课堂活动注意事项。	通过创设问题情境导入新课，激发学生学习新课的兴趣。
探索	提出问题 实践探索	师：今天我们首先来改造废旧纸盒，使它变成实物作品。问题：你想把纸盒变成什么实物作品？ 生：学生自由交流，发表想法。 师：向学生介绍 DIY 理念，鼓励学生自由想象，大胆创作，努力将自己独特的想法变成现实，使其作品化。	活动从实际生活出发，注重理论与实际生活的联系，便于学生接受理解。而且 DIY 的教育理念正是创客教育极力倡导的理念。学生通过自主思考，教师引导，可以激发他们的想象力、创造力。师生共同制定评价标准

续表

探索	提出问题 实践探索	师：提问：我们可以采用哪些方法改造纸盒呢，其次改造出来的物品，怎样才算好的改造物品呢？ 生：学生思考并发表想法。 师生之间共同制定出"好的改造物品"的评价标准。并通过讨论得出"好的改造物品"应该有以下特点：实用、耐用、成本低、外观精美、环保等。 师：下面学生根据自己的需求，运用各种设计方法，将纸盒改造成我们需要的物品，并把设计方案记录在《科学学生活动手册》里，在领取材料与工具进行制作与改造。20分钟后各组进行展示，并说明制作方法、用途成本，以及测试问题。其他小组学生根据制定的评价表互相评价，选出一个最优作品。	体现了教师尊重学生，充分发挥了学生主体的地位。此外小组共同合作完成废物改造，培养了学生合作的精神，加强了同学之间的友谊。
研讨	交流讨论 发现新知	师：我们身边除了废旧纸盒，还有很多废旧物品可以改造成实用的物品。展示图片：用废旧牛仔裤改造的背包。提问：你能说说它是如何改造的吗？ 生：引发学生的思考，学生发表想法。	从其他物品入手，扩大学生的知识面，引发学生的思考，激发他们的创造力，引起学生对生活中废旧物品改造的兴趣。
拓展	学以致用	师：对刚刚各组的作品进行评价，发现不足，鼓励创新的点子。 师生共同：简单总结本节课的内容，引导学生养成爱护环境，环保节约的理念。 师：放学后可以回家对家中一些废旧物品进行改造，下节课我们一起分享大家改造的物品。	通过废物改造，让学生了解到原来科学知识不仅仅可以从自然界、学校获取，生活中也处处充满科学。进而热爱探究，热爱实践，热爱科学！

本课选自粤教版《科学》小学六年级下册第一单元《小小设计师》第六课，主要就是引导学生在生活中综合地运用本单元所学的设计知识与技能，切身体验到我们可以通过设计改变生活。本课包括情境导入、活动"废旧纸盒的妙用"、交流讨论引发新知、实践"改造家里的废弃物"等4个教学环节。利用图片进行情境导入环节，以学生熟悉的"废旧物品手工作品展"情境，激发学生针对生

活中废旧物品改造存在的问题进行讨论，产生运用所学到的设计知识改造废旧物品而减少垃圾丢弃的想法。"活动"环节引导学生根据自己的需求，运用多种设计方法将废旧纸盒改造成实用的物品，知道运用一定的设计方法能将废弃物变废为宝，教师利用移动终端记录各组改造过程中的代表性做法。讨论发现在生活中，能够让我们进行废物改造的东西除了废旧纸盒还有很多，在学生有了成功的改造体验后，"实践"环节与创客教育紧密结合，发挥创客教育的创新、实践、分享的理念，引导学生收集更多日常废弃物品进行巧妙的设计和改造，用实际行动践行"资源再利用"的环保理念。基于以上分析，本课的重点是引导学生将所学到的设计知识、方法和技能，对废旧纸盒进行改造。

　　在此案例中，信息技术以辅助教师记录课堂活动用于分享总结的方式被运用。学生是课堂的主体，实践探究是主要教学方法，媒体技术的辅助能够帮助教师更有效地指导学生进行探究活动。

7.3.2　案例：搭支架

课题	搭支架	教学对象	小学五年级学生	课型	STEAM 课
教材分析	《搭支架》是苏教版小学科学五年级下册第二单元《形状与结构》的第二课。本课是在前一节课认识形状与承受力关系的基础上，通过实验和动手制作等活动，使学生认识和发现：不同形状的支架稳固性不同，三角形支架是最稳定的。进一步激发学生研究形状与承受力、结构与稳定性关系的兴趣。并利用三角形具有稳定性去搭支架，提高学生自主设计以及动手制作的能力，培养学生团结协作精神。				
学情分析	学生通过四年级数学课的学习，知道三角形具有稳定性。在五年级上学期，学生已经初步具备了建构模型进行解释的能力，但立体支架对学生来说是比较陌生的，尤其是让学生自己搭支架，难度更大，变量也不好控制，而且探究的时间过长，也会影响学生探究的兴趣和效果。虽然五年级的学生已经有了自己的科学思维方式，对科学探究过程有所了解，并能运用这一方法解决问题，但学生团队协作能力以及表达能力仍需加强。				
教学目标	科学概念： （1）知道三角形结构稳定不易变形。 （2）掌握增强支架稳固性的一些基本方法。 过程与方法目标： 学会立体支架的搭建方法并对其加高加固。 情感态度与价值观目标： 体验自主设计以及验证的乐趣，意识到团队配合的重要性。				
教学重点	重点：搭建立体支架，理解三角形支架最稳固。				
教学难点	难点：搭建承受力大的立体支架。				

教学准备	教学环境 科学活动室。 资源准备 实验材料包1：细线、小木棒、记录单1（附件1）； 实验材料包2：A4纸、剪刀、透明胶带、秒表、卷尺、记录单2（附件2）； 实验材料包3：吸管、小木棒、剪刀、细线、透明胶、记录单3（附件3）； 生活中常见稳固支架微课、多媒体课件； 过程性评价表（附件4）。
教学过程 流程图	

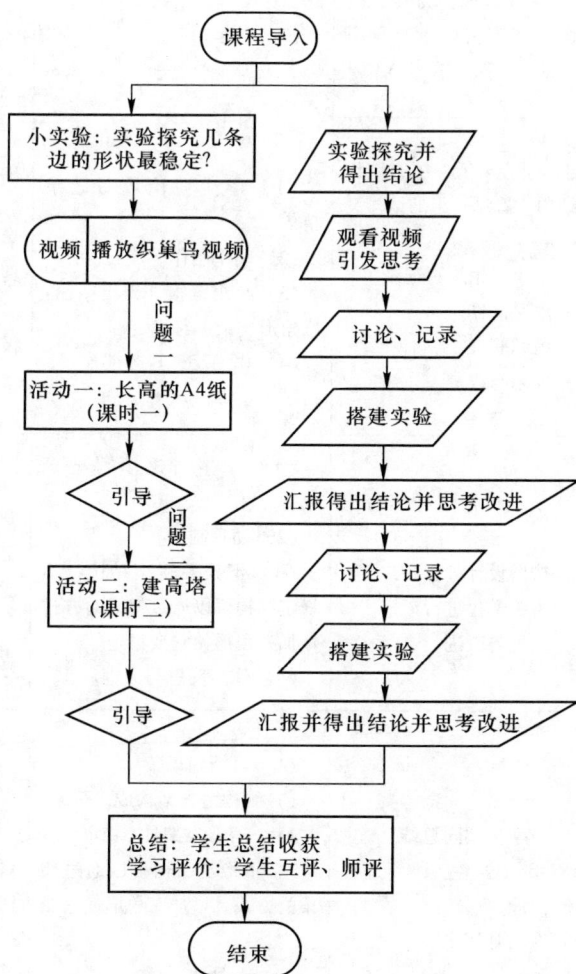

续表

教学环节	教学内容	师生活动	设计意图
课前实验 （课时一）	小实验：小木棒构成不同的形状，哪一个形状稳定呢？	制作三角形、正方形、五边形、六边形结构验证哪一个更稳定并填写记录单1。	验证已有知识，养成记实验记录的习惯。课前微课引发学生好奇心。 实验材料包1。
引出新课 （课时一）	（1）小提问：汇报昨天你的实验结论。 （2）观看微课，为什么这些结构会十分稳定？（问题引出，激发学生探究欲望。）	（1）学生汇报（三角形具有稳定性）。 （2）引起思考。	实验汇报锻炼表达；微课观看引发思考引出本课探究内容。 微课、PPT、板书。
活动一： 谁的结构高又稳 （课时一）	每组一张 A4 纸，用它制作一个结构。看哪一组的结构又高又稳。 （1）小组讨论填写记录单。 （2）动手制作。 （3）组织验证。 （4）反思与改进。	（1）学生讨论填写记录单2。 （2）动手制作。 （3）小组汇报并得出结论：三角形支架具有稳定性。 （4）作品反思与改进。	初步接触立体搭建，增添学生兴趣。知道三角形支架具有稳定性。 实验材料包 2、PPT、板书。
活动二： 建高塔 （课时二）	（1）小组讨论设计填写记录单3。 （2）按照设计进行搭建。 （3）组织学生进行汇报。 （4）反思与改进。	（1）学生讨论填写记录单2。 （2）动手制作。 （3）汇报并得出结论：不稳定结构可以通过架梁的方式增加三角形使它变稳定。 （4）作品反思与改进。	使学生思维由平面稳定上升到立体稳定，掌握增强稳定性的方法。提升总结表达能力。 实验材料包 3、PPT、板书。
总结与评价 （课时二）	（1）与学生共同总结。 （2）组织学生互评（过程性评价表）。 （3）课后师评。	（1）总结知识 1）结构由支架构成。 2）三角形支架具有稳定性。 3）不稳定结构可以通过架梁的方式。增加三角形使它变稳定。 （2）互评。 （3）课后思考改进。	总结知识，运用知识改造搭建的结构使其更稳定。互评师评发现不足提升能力。 过程性评价表、PPT。

附件1 　　　　　　　　　　**记录单1——什么形状最稳固**

支架形状	预测稳固性	实际稳固性
三角形		
正方形		
五边形		
六边形		

通过实验我认为：（　　　　　）形状的最稳固。

附件2 　　　　　　　　　　**记录单2——谁的结构高又稳**

小组成员		设计草图
作品高度		
稳定时间		
反思与改进		

通过实验我发现（　　　　）形支架具有稳定性。

附件3 　　　　　　　　　　**记录单3——搭高塔**

小组成员		设计草图
所用材料		
塔的高度		
测试稳固性的过程		
反思与改进		

通过实验我知道：不稳定结构可以通过（　　　　　　　　　）方法变稳定。

附件4 　　　　　　　　　　**过程性评价表**

	标准	评分标准	分值	自我评价	同学评价	教师评价
1	课堂表现	课堂纪律	10分			
		课堂活跃度	10分			
2	团结协作	讨论协作	15分			
		互帮互助	15分			
3	设计制作	新颖性、艺术性	20分			
		完整性、技术性	30分			

注：过程性评价表作为学生学习的情况反馈以及教师对学生学习情况的评价的依据。通过评价分析并进行教学反思。

本案例在课程学习前，每位学生每天都会见到各种各样的事物对不同的支架结构组成的事物有着不同的生活经验，对此有着直观的感受。虽然我们的学生每时每刻都在接触，但是这些熟悉的现象并不一定会引起学生的关注，这恰是科学课教学最具价值之处。本课难点在于立体稳定支架的搭建，教材由平面到立体的过程中如果加入面到体的过渡体验将更好帮助学生掌握重点突破难点。此外运用思维导图作为板书让学生更好掌握科学学习的方法。加强课堂学习质量。本课所涉及科学、工程、人文与数学等多学科的跨学科知识，因此在本课教学中采用项目式教学即 STEAM 教育，通过动手实验、搭建、不断发现问题，解决问题从而达到学生自主能力、创新能力、团队协作等能力的提升。

在教学过程中，实验活动相比以往的课堂更丰富，学生在课堂参与的积极性明显提高，学生也会大胆主动地发表自己的见解，甚至有些学生对问题的见解很独到。通过 STEAM 教育实验学生对科学、技术、工程、艺术、数学等各个领域的综合运用能力有明显的提升。美中不足的是课堂十分活跃难以把控，还需加强研究。

8 教育信息化通用工具

8.1 网络协同

8.1.1 智能化内容管理

云文档可以实现安全上传、下载、存储、分享和管理文档与文件，并与团队一起使用以及维护。云端存储便于文件携带，只要有网络，随时都可以从云端下载文档，也不用担心由于移动存储设备损坏导致文件丢失。百度网盘、微云等都可以实现云端存储。

在云文档可以为团队和项目快速创建共享文件夹，并为团队成员设置访问与编辑权限，让团队一起维护与管理。通过权限设置，可以多人对文件和文件夹进行重命名、移动、快速访问、收藏等操作，高效进行文件管理。也可以通过文件类型、文件所有者、浏览时间等条件进行高级搜索，便捷地查找与使用文档和文件。

8.1.2 在线协作

"钉钉"原本用于企业，在 2020 年疫情期间，由于教学需求，广泛应用于线上教学，并根据教学需求不断升级，普及率较高，具有一定代表性。使用钉钉进行编辑文件时，可同时多人在线进行编辑，而且操作更便捷。而且云文档管理的各种功能它都具备。组建教师研学群，将 PPT 文件发送至聊天群里，成员便可以通过点击"在线编辑"按钮对其进行修改。可以进行修改文字、插入新文本框、插入图片、插入链接，也可以自定义动画，目前动画只可以选择飞入和出现，效果比较单一。编辑完成后，钉钉会自动将文档保存至云端，通过点击历史记录来查看修改之前的记录。接下来以"凤仙花的一生"教案、PPT 为例介绍协同备课的过程。

8.1.2.1 教案在线协同编写

第一步，在创建完对话框后，点击"上传文件"，然后选择待编辑教案文件，完成文件上传。

第二步，文件上传完成后，点击文件左下方的"在线编辑"按钮。

第三步，在打开的在线文档编辑窗口对文档进行编辑，这个过程可以多人在多个终端进行，时间上没有要求，即便同时进行也不会冲突。编辑方法基本和WPS 相同，教师可以轻松掌握。

第四步，点击文档上方"插入"按钮，可以在文档中插入表格、链接、图片等对象。

第五步，教师协同编写教案时，点击右侧的"评论"按钮进行评论，通过此方法进行批注。

第六步，在编辑结束后，会自动保存至云端。

用户可以点击右侧"协作记录"按钮，观看历史版本。

8.1.2.2　PPT在线协同编写

第一步，在协同工作群内点击"上传文件"按钮，然后选择文件后将演示文稿上传至群。

第二步，点击文件下方的"在线编辑"按钮。

第三步，点击左侧"新建幻灯片"，选择模板与格式。建议在线下文档设计好 PPT 模板，避免在线上进行模板选择，一来线下软件模板版式更丰富，二来线下比线上不受网络带宽影响，更高效。如果用空白页做演示文稿背景，则不用考虑线上或线下设置。

第四步，在编辑页面上方可以选择插入文本框或图片、链接等。

第五步，插入文本框后，右侧会出现操作栏，通过点击可以对文本进行修改。包括字号大小、字体、对齐方式、特殊格式等。

第六步，点击右侧"动画"按钮，可以对文本框或者图片进行自定义动画。目前线上动画设置动作类型较少，并且出场顺序容易出错，所以建议尽量避免在线进行动画设置。

第七步，在合适的位置插入图片，点击插入的图片，在右侧编辑窗格对图片其进行简单编辑修改。

第八步，点击播放键或右边播放按键进行预览。

第九步，编辑结束时，系统会自动保存至云端，可以点击右侧"历史记录"按键，来查看更改的情况。

制作完成的文档会存放在云端，使用时可以随时下载到本地。

8.2　常用多媒体信息获取

8.2.1　屏幕信息获取

8.2.1.1　屏幕截图

图像获取的方法很多，可以利用搜索引擎在网页上搜索，然后下载保存为图片文档；也可以用扫描仪、手机等工具将图像输入到电脑形成图片文档；还可以利用手机截屏获得图片文档，再传入电脑进行编辑，在这里不过多介绍，只介绍电脑屏幕截图方法，即：电脑显示器上能够看到的图像保存为图片。

屏幕截图工具有很多，当前很多社交软件也自带屏幕截取功能。比如，微信默认截图功能快捷键为"Alt+A"，QQ 的默认截图功能快捷键为"Ctrl+Alt+A"，这里介绍的截图工具是 Windows 操作系统自带的截图工具，不需要安装其他应用软件。

从 Windows 7 版本开始，Windows 操作系统的"附件"里都有"截图工具"，如图 8-1 所示。

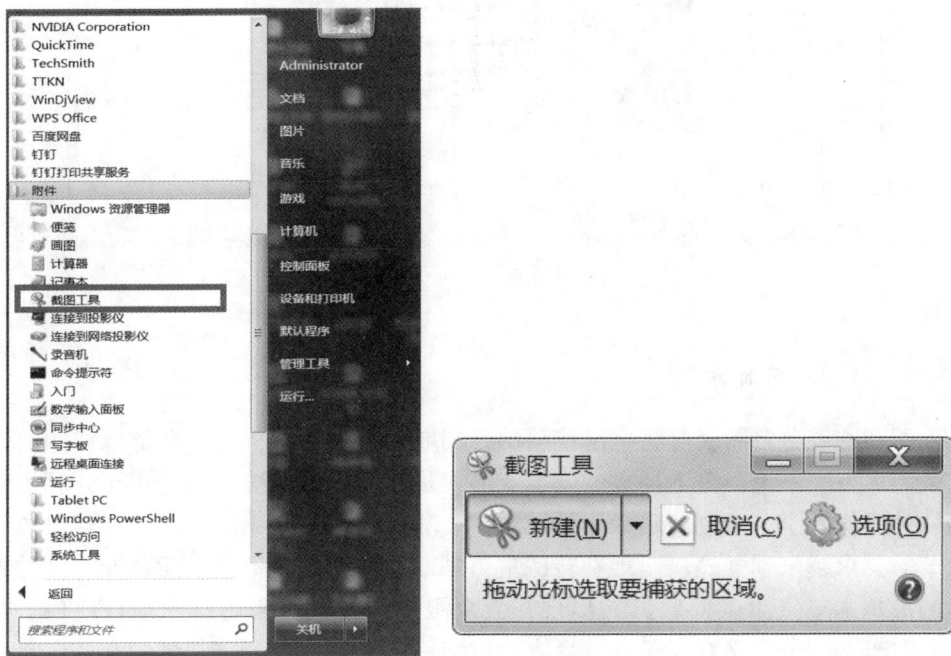

图 8-1　附件中的截图工具

这里以截取电子教材中的图像内容为例进行介绍使用截图工具截图的具体步骤：

第一步，打开电子书的页面。

第二步，打开附件中的截图工具。

第三步，打开截图工具后，用鼠标在需要截取的屏幕区域进行拖拽。

第四步，放开鼠标左键后，系统弹出"截图工具"窗口，在这里可以将截图保存为图片文档。也可以将截图复制，到演示文稿的幻灯片中直接粘贴。

第五步，如果需要重新截取，点击"新建"，然后再次从第三步开始。截图工具按钮如图 8-2 所示。

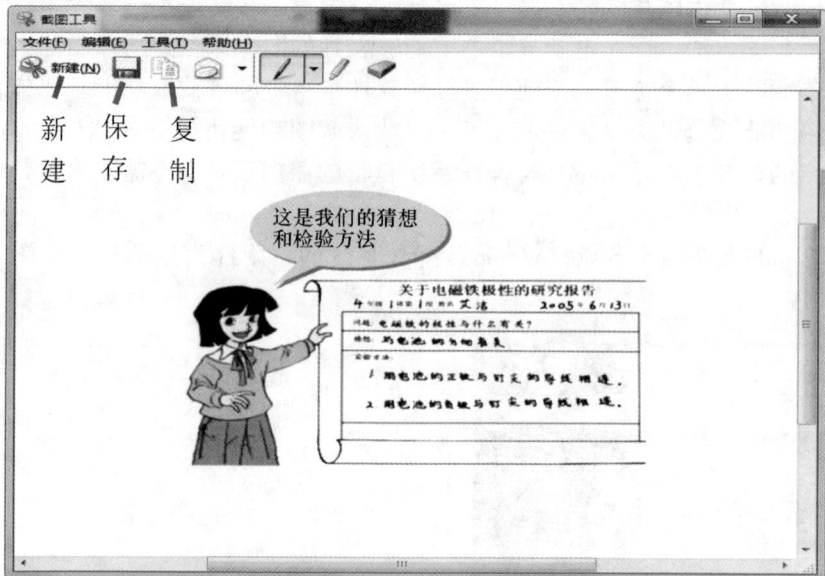

图 8-2　截图工具工作窗口

8.2.1.2　屏幕录制

所谓的屏幕录制就是将电脑或移动终端屏幕上显示的所有信息都以视频的形式录制下来，不论屏幕上播放的内容或形式是什么。早期被广泛应用于计算机应用软件操作教学，录制演示操作教学视频。随着教育信息化的发展，社会对教学改革的要求越来越强烈，出现翻转课堂、慕课等新型教学模式，而慕课、翻转课堂的最基本单位"微课"开始出现在大众眼前，并且越来越广泛地被应用。虽然，对于微课的定义众说纷纭，尚未达成统一，但是在众多定义之中有一点是一致的，那就是微课要以视频这种媒体形式作为载体。早期微课制作技术门槛较高，因为需要较为专业的制作软件才能实现屏幕录制、视频编辑等技术。而现在，这些技术随着社会信息化进程的快速发展，已经走向大众，对于视频的获取与编辑更是随着 2016 年左右抖音等一系列短视频平台的出现迅速普及。这一系列的变化，让教师使用更简单方便的软件实现 PPT 放映并录制成视频成为可能。

目前，智能移动终端都自带屏幕录制工具，只要打开它，开始录制，就可以将屏幕上的内容全部录制下来，同时，将声音输入打开，就能够实现一边录屏幕信息一边讲语音解说同步录制进去，形成视频。

电脑端屏幕录制有专业的屏幕录制软件，比如，Windows10 也自带屏幕录制工具，其他软件目前有很多也自带屏幕录制功能。屏幕录制的清晰度与录制软件有关，也与显示设备分辨率有关，使用分辨率较大的显示设备进行屏幕录制，画面清晰度更高，相应的最终的录制视频也就越大。专业屏幕录制软件清晰度更高，但是就教学应用而言，大众化的录制工具已经能够在大屏幕上清晰放映，也就说满足教学要求。屏幕录制基本过程就 6 步：打开录制工具、选择录制区域、选择音频输入、开始录制、结束录制、保存。

这里以 QQ 为例，介绍屏幕录制的基本过程。

第一步，启动 QQ，这里建议使用最新版 QQ 软件。

第二步，打开需要录制的画面，如果是视频可以先暂停播放等待录制时再开始播放。

第三步，按 "Ctrl+Alt+S"，开始框选录制区域。

第四步，选择要录制的区域，线框内的高亮度区域就是被录制的区域，如图 8-3 所示。

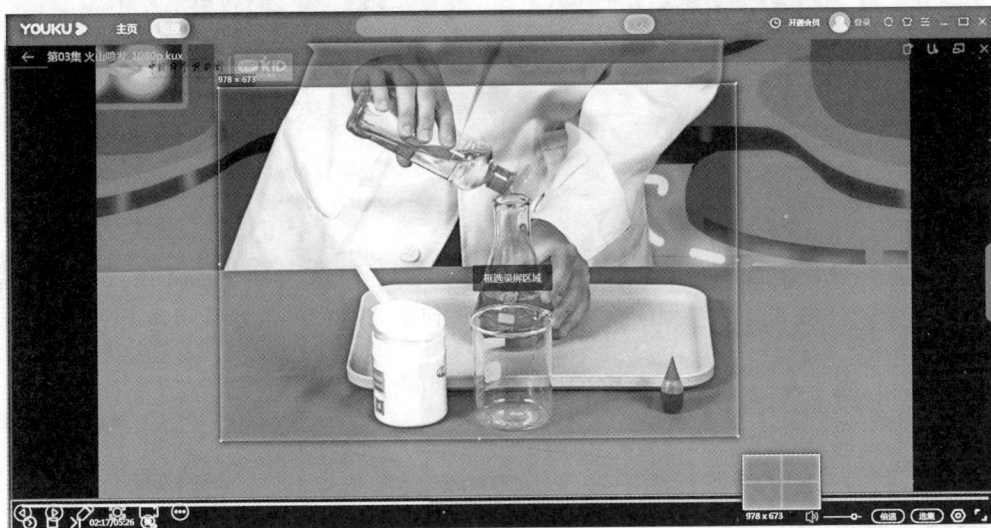

图 8-3 录制选取

第五步，选择音频输入。点击开始录制之前可以先设置声音录制选项。控制面板上的两个图标分别代表是否把扬声器发的声音和麦克输入的声音同时录制到视频中。录制工具栏如图 8-4 所示。

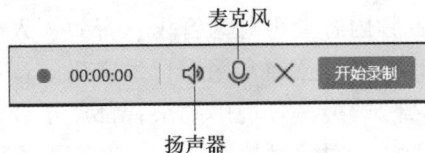

图 8-4 录制工具栏

如果不需要录制者解说，就可以把点击麦克图标，将麦克音源关掉，这样录制出来的视频可以避免将录制现场的噪音录入到视频中，如图8-5所示。

图8-5　关闭麦克音源设置

第六步，点击"开始录制"，3秒钟倒计时后红色录制按钮闪烁，开始录制。如果是视频录制可以在倒计时接近0时点击播放按钮，开始播放视频。

第七部，结束录制，保存视频文件。

点击"结束录制"按钮后，弹出屏幕录制预览窗口，在窗口右下角点击"另存为"图标，可以将录制好的视频保存到指定位置，如图8-6所示。

图8-6　保存设置

8.2.2　音频获取

在教育教学中音频素材通常有三种来源：网络下载、提取影片中的音频、自主录制音频。我们要达到的最终目标是得到需要的音频文件，通常是MP3、WAV、MIDI等格式。

8.2.2.1　网络下载音频

通常情况下可以在百度中搜索需要的音频，然后找到下载链接处，点击"MP3下载"即可。或者我们可以使用酷狗音乐、QQ音乐等音乐软件进行下载。

音频从形式上可以分为波形音频、MIDI和CD音频。波形音频是声音模拟信号的数字化结果，可以通过录音获取波形文件；MIDI是一种国际通用的标准接口，是电子乐器之间以及电子乐器与计算机之间进行交流的标准协议。它记录音乐节奏、位置、力度、持续时间等发音命令；CD音频也是一种数字化声音，一般以16位量化位数和44.1kHz采样率的立体声存储，可完全重现原始声音，是一种高质量的音频。从音频内容上可分为音乐、音效、人声。

音乐是比较常见的音频素材，通常用于背景音乐。音效是由声音所制造的效果，营造氛围。比如风声、雨声、环境中的杂音都属于音效，音效音频通常都是短促的。旁白、解说、朗诵、对话都属于人声，在获取不同类型音频可以在不同的应用领域寻找资源。

8.2.2.2　从影片中提取音频

如果无法直接找到音频资源，可以从视频中将我们需要的音频提取出来，重新保存为音频文件，这种方法方便且实用。一些视频播放器就具备这样的功能，比如 QQ 影音。操作步骤如下：

第一步，用 QQ 影音打开视频。

第二步，点击右下角"影音工具箱"按钮，点击"截取"按钮，如图 8-7 所示。

第三步，在播放条上拖动初始点和结束点以确定选择截取范围。

第四步，点击下方"自定义参数"按钮，在"格式"里选择"仅音频"，其他音频参数可使用默认值，然后点击"保存"按钮。

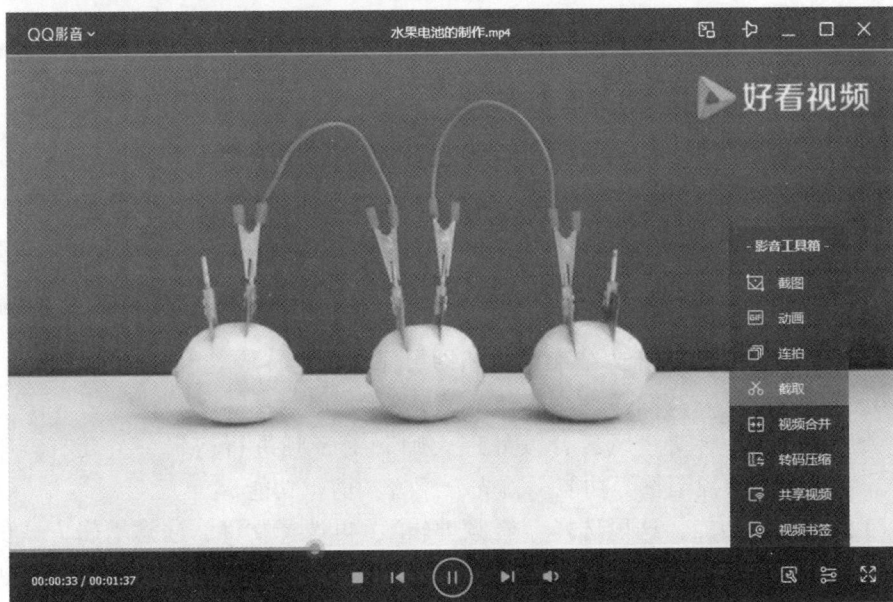

图 8-7　QQ 影音工具箱

8.2.2.3　自主录制音频

在学习资源制作过程中，建议由授课教师本人录制人声音频素材。教师本人的语言、声音会让学生产生强烈的熟悉感，叙事方法上更符合学生的习惯，从情感上学生更乐于接受。除了对音质有专业要求的情况，就日常教学而言，用手机、电脑录音就能达到使用要求。问题是在于我们不仅要录制音频，最好还能对已经录制的音频进行简单的剪辑，这才符合教师录音要求。专业音频编辑软件可以实现以上功能，但是使用起来技术要求较高，繁复的操作界面让学科教师望而却步，而且很多专业音频处理功能并不是必需，所以这里推荐"风云录音大师"和"风云音频处理大师"，这两款软件同出一家，操作界面风格一致，使用简单。

下面就这两款软件进行具体操作介绍。

A　录音

（1）下载安装软件风云录音大师之后，打开软件，下方面板可进行格式更改、声音质量选择、保存位置等基本操作。需要注意设置的保存位置，避免保存之后找不到。

（2）更改好设置后，点击右侧"开始"按钮开始录制，也可以按F7键开始录制。

（3）观察软件小浮窗，可以观察录制时间，控制录制、暂停和停止录制，如图8-8所示。

图8-8　风云录音大师小浮窗

（4）录制完成，点击"结束"按钮即可完成录制。

B　剪辑音频

录音完成后，启动"风云音频处理大师"对音频进行剪辑。主要有音频剪辑、音频转换、音频调整等功能。首先介绍音频剪辑功能。

（1）先选择功能，这里选择"音频剪辑"，再选择文件，注意剪辑方式的选择，可以手动分割、平均分割、按时间分割。手动分割可以通过拖拽时间条进行节选；平均分割系统自动将音频分成等长的片段；按时间分割，可以将音频按毫秒精确地分割出来。如果要切掉语言冗余，建议使用手动分割。

（2）剪辑好后，点击"确认并添加到输出列表"按钮，此时被剪辑的音频在输出列表中出现，然后点击右下角"开始处理"按钮，等待系统生成音频文件即可。

8.2.3　PPT制作动画

任何动画制作工具在制作动画时都涉及几个动画的基本参数，动画出发的条件、动画持续的时间、动画的形式。在PowerPoint中都有对这些参数的设置，换句话说在使用PowerPoint时，只要掌握这些参数的性质，加上精巧的设计，不仅可以制作文字、图片出现消失的动画，也可以制作出像动画片一样的精美流畅具有故事性的动画。事实上已经有非常多的案例。第三届锐普 PPT 大赛参赛作品《惊变》，用动画的形式讲述了植物乃万物之源，滥砍滥伐终将毁灭世界，如图 8-9 所示。谭清拓的 PPT 动画版《我的简历》，用影视的叙事手法将个人简历做成了一段动画故事，如图 8-10 所示。

图 8-9　第三届锐普 PPT 大赛参赛作品《惊变》截图

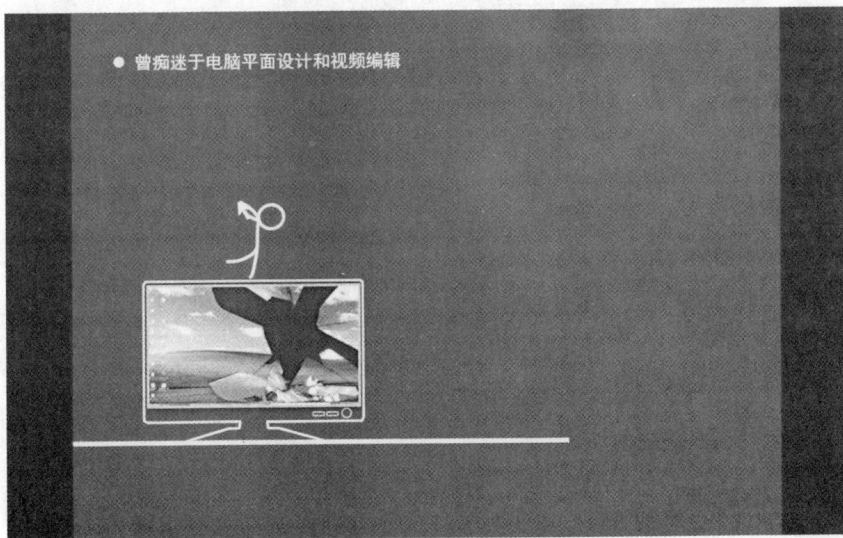

图 8-10　谭清拓的 PPT 动画版《我的简历》截图

PPT 对于小学科学教师来说是最简单、最熟悉的动画制作工具。用 PPT 制作一小段动画作为课程的导入必然能够紧紧抓住学生的注意力，引发学生的学习兴趣。

下面以《天气》中的一页为例，介绍运用 PPT 制作动画的过程。

第一步，添加对象。将动画对象全部添加到幻灯片内，如图 8-11 所示。如果有相同对象，比如云彩，可以通过复制，再调整大小来快速制作出来。每一个对象都可以设置动作形成动画，对象的动作可以复制，这里相同动作的云可以先只做一朵，等动作制作完成再复制。

图 8-11　添加对象后效果图

第二步，制作云朵动作。先选择一朵云打开自定义动画窗格，如图 8-12 所示。

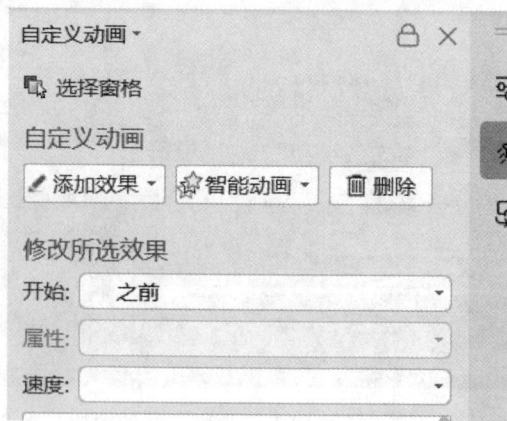

图 8-12　自定义动画窗格

小贴士

　　在自定义动画窗格可以设置动画的所有属性。添加效果一共有"进入""退出""强调""动作路径"四种，其中"进入""退出"经常被用于制作文字、图片的出现、消失动画，体现的是对象从无到有、从有到无的过程，属于常用效果。"强调"效果指的是对象已经存在，通过颜色、大小、位置等变化来起到强调的作用。"动作路径"是制作动画的必备效果，它能让对象沿着特定的路径移动，而且移动的路径可以自行定义。这里以直线为移动路径。

　　先给云彩添加进入效果的"飞入"动画，效果开始条件为"之后"，方向为"自底部"，速度设为0.8秒；再给这朵云添加强调效果的"放大/缩小"动画，尺寸为150%，速度为"非常快"，效果开始条件为"之后"；再给这朵云添加动作路径效果，选择"直线"，将路径的终点（红色箭头）拖拽到工作区外。

小贴士

　　对象添加动作之后，需要注意属性栏中的"开始""属性""速度"。开始中设置的是动作发生的条件，默认是"单击"，即鼠标单击则动画开始。还有"之后"和"之前"，设为"之后"，则动作不需要鼠标操作，在前一动作完成之后自动发生，"之前"则是与前一动作同时发生，将"之后"和"之前"配合使用可以完成动作的自动播放，避免鼠标控制破坏动画的连贯性。"速度"指的是动作完成需要多长时间，如果要动得快，就把速度设置持续时间短，反之设置持续时间长。如果要制作快闪效果，可以把速度设为00.00秒。"属性"对于不同的动画效果内容会不同，比如擦除动画，属性设置为擦除的方向，陀螺旋动画设置的是旋转的角度和周数。

　　第三步，复制云朵。将设置好动画的云朵复制出来，此时会将原来的云朵动画一同复制，需要将后复制出来的云朵的飞入效果的开始条件设置为"之前"，这样两朵云才会同时出现。其他的云朵可以用改过设置的云朵进行复制。

　　第四步，移动的小汽车。给小汽车添加直线路径动画，让小汽车从画面外驶入，同时在动作上右键点击"效果选项"，如图8-13所示。将"平稳开始"和"平稳结束"勾选项去掉，这样，小汽车才能匀速运动。

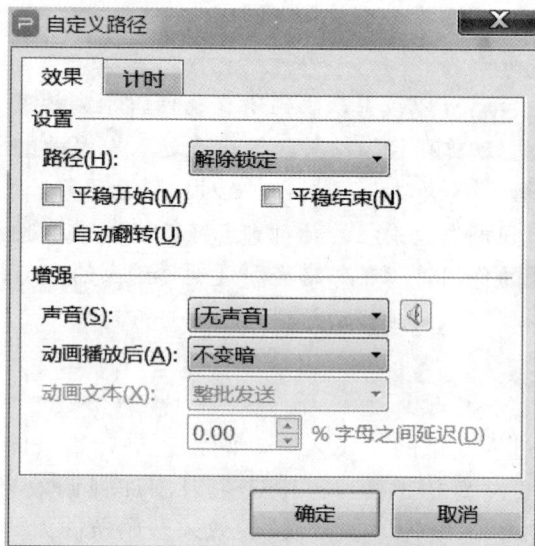

图 8-13　"效果选项"对话框

　　第五步，制作选择题。绘制白色矩形，在矩形上用 4 个文本框呈现题干和 3 个选项，并插入两个小图片，笑脸代表正确，哭脸代表错误，效果可以参考图 8-14。

图 8-14　选择题效果图

　　按顺序先将白色矩形和 4 个文本框设置出现动画。选择笑脸，先设置出现动画，然后右键动作窗格里的动画选择"计时"，选择"触发器"。从"单击下列对象时启动效果"后的选择框里选择"多云"所在的文本框，如图 8-15 所示，这样就将笑脸的出现动画发生条件设置成了"多云"所在的文本框，也就是说只有点击"多云"，笑脸才会出现，用以表示你选对了。

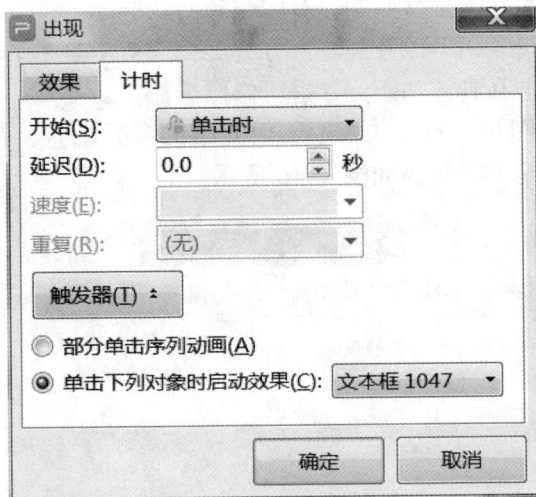

图 8-15　触发器设置

　　同样的方法，将哭脸添加两次出现动画，两次动画的触发器分别是"晴天"和"下雨"所在文本框。

　　这样，边看动画边互动问答的一页幻灯片就制作完成了。按"Shift+F5"从当前幻灯片放映，查看动画效果，以便修改完善动画。

8.3　其他常用工具

8.3.1　图片处理工具——美图秀秀

　　美图秀秀主要的功能有以下：

　　美化图片：包含图片增强和各种画笔两部分，在图片增强里，我们可以进行基础编辑，高级设置调色。例如，调节图片的亮度清晰度、给图片补光、调色等。在各种画笔中可以选用不同的笔在图片上进行书写勾画。如标注笔、涂鸦笔等。

　　人像美容：在这里包括面部重塑、皮肤调整、头部调整、增高塑形四部分。

　　文字：此处我们可以在图片上输入文字，加一些水印、文字贴纸等。

　　帖子饰品：在这里我们可以在图片上加一些热门的贴纸。

　　边框：此处就是给图片加各种各样的边框。边框的类型有海报、炫彩、撕边、纹理等。

　　拼图：拼图包括自由拼图、模板拼图、海报、拼图等。而且在拼图中我们也可以进行画布设置，如宽度、高度、背景的设置以及排版设置。

　　抠图：包括手动抠图、自动抠图、形状抠图等。

此外，美图秀秀还有证件照制作打印照片的功能。

打开美图秀秀。我们可以看到左上方有美化、抠图等 8 个功能标签，用户可以根据自己的需要选择具体功能标签进行修图工作。

（1）如果要对图片进行 4.2.1.1 节内介绍的参数设置，在美化图片的"增强"页面可以进行全部设置，如图 8-16 所示。

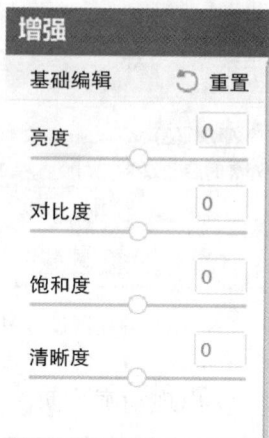

图 8-16　美化照片的"增强"页面

经过增强页面内的参数设置，修改后的图片基本能够满足普通用户对图片清晰度、亮度的要求。对于图片画面大小、方向的调整，在美化图片标签下的旋转、裁剪、尺寸可以做到，如图 8-17 所示。

图 8-17　美化图片下的旋转、裁剪、尺寸

（2）图片处理中有一项重要的操作——抠图。在制作课件时，为了让插入的图片与背景融合得更自然，我们经常要进行抠图，将图片内的主要物体从原图背景中抠出来，再放到课件的背景中。Photoshop 中抠图的方法很多。可以根据色彩进行图像选择，达到抠出的效果，也可以利用画选取的方法圈出要抠出的部分。利用 Photoshop 进行抠图甚至可以把毛发完整地抠出，但是对于学科教师来说，过于繁琐而且技术要求较高。美图秀秀中的抠图功能更适合非专业用户，它将细节化的计算隐于软件内部，给用户呈现的是最为简单的操作达到较为精细的

抠图效果。

美图秀秀的抠图标签下有自动抠图、手动抠图、形状抠图三种模式。自动抠图模式下，用户只要粗略划取对象，系统会自动识别划取对象边缘，做出选区，根据用户的选择，将这片选区保留（抠图笔）或删除（删除笔），这是最快的一种抠取不规则边缘图像的模式；手动抠图模式下，用于完全手绘的方式画出选取，可以实现保留不同形状的图像部分，因为是全部手绘选区，对画面的取舍可以更细致，也可以更粗犷，保留区域的自由度最高，想保留哪里就画哪里；形状抠图模式类似于蒙版，在图片上拖拽出固定的形状并保留形状内图像，对比效果如图 8-18 所示。

图 8-18　抠图方式

需要注意的是，不论选择哪个抠图，也不论使用什么抠图方式，最重要的是一定要将抠完的图保存为支持透明通道的图片格式，最常用的是 PNG 格式。

8.3.2　格式转换——格式工厂

以多媒体课件作为载体，将各种媒体素材经过精心设计、整合呈现，在这个过程中，经常由于种种原因导致需要将原始素材进行格式转换才能应用。比如，在 PPT 中，如果插入视频，能够直接插入的视频格式较少，如果视频较短，并且对色彩表现力要求不高，可以将它转换为动图直接嵌入式插入到幻灯片中。这样教师必须掌握格式转换的工具，将原始素材格式按照不同要求进行转换。这里介绍一款多功能的多媒体格式转换软件——格式工厂（Format Factory），基本能够满足教师在日常教学工作中所需的格式转换。

　　格式工厂里主要有6个模块：视频、音频、图片、文档、光驱设备＼DVD＼CD＼ISO、工具集，视频模块主要完成视频格式之间的转换，可以将已下载的视频文件转换为MP4、MKV、GIF、MOV等格式，比如将下载的FLV格式视频转换成WMV格式，即可直接插入到PPT当中。同时，视频转换模块下还有屏幕录制，将视音频混流合成输出为视频、画面裁剪、简单剪辑等处理视频的功能。音频模块主要完成音频文件格式转换，比如将已下载的MP4格式文件转换为WAV格式。图片模块可以将各种图片格式相互转换，但是通常我们在图片处理阶段使用的图像处理软件如美图秀秀、Photoshop等在处理完图片之后可以直接转存其他格式。文档模式主要有PDF文档向其他类型文档转换，并且有将多个PDF文档合并的功能。其他模块在教师教学过程中使用较少，这里不再介绍。下面介绍使用格式工厂下载小视频并将视频转为GIF格式的具体步骤。

　　第一步，在电脑端下载并安装格式工厂。

　　第二步，打开格式工厂，点开视频模块，选择视频下载。

　　第三步，在弹出的对话框里点击"Paste"按钮将提前复制的视频所在网址，此时会发现网址出现在中间输入框内，点击"确定"，如图8-19所示。

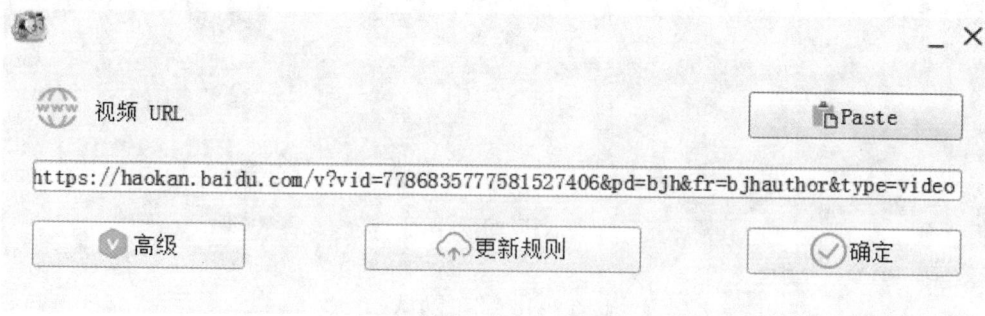

图8-19　粘贴下载视频地址

　　第四步，返回主界面，单击"开始"按钮，等待下载进度完成即可。

　　第五步，下载完成后，选择视频模块下的"→GIF"。

　　第六步，在弹出的窗口内点击"添加文件"按钮，然后找到刚刚下载的视频文件，将视频文件加载到窗口内。

　　第七步，可以点击输出配置，设置转换后文件相关参数，比如画面大小，这里使用默认值，不单独设置。如果有需要还可以运用"分割为""剪辑"对视频进行剪辑、裁剪等处理后再转换。

　　第八步，点击输出文件夹后面的"浏览"按钮，设置输出文件夹的位置。

　　第九步，点击"确定"按钮，返回主界面。

第十步，点击主界面"开始"按钮，等待转换进度达到100%，转换完成。

8.3.3　二维码生成——草料二维码

二维码是一种开放性的信息存储器，目前常见的二维码有两种，一种是黑白条相间，也称为条形码；一种由黑白小方块构成（也有其他颜色，但都是某一种颜色+白色构成的双色块），方块二维码比条形二维码存储信息更多，应用更为广泛。本文中后面提及的二维码指的是黑白双色小方块组成的方块二维码。但是不论是以黑边条呈现还是以黑白方块构成，二维码都存储了指定的信息。我们知道，现在的计算机系统使用的基本上是二进制系统，在计算机里所有的数据都是由两个值"0"和"1"形式存储、运算，这个和计算机的物理结构有关，可以简单的理解为计算机内的电子元件有两种工作状态，高电平、低电平，或者理解为"开"和"关"。二维码符合计算机的运算法则，黑色小方块代表的是"1"，白色小方块代表的是"0"，黑白相间构成的图案其实是一串信息的二进制编码，用移动终端扫码的过程就是将这些编码翻译的过程。在二维码的三个边上有三个大的方块，这三个大方块的作用是定位，不是存储的信息。

小学科学教师在工作中利用二维码的存储信息功能，可以更有效完成实验设备管理、学习信息传递。二维码生成器就是将信息转换为方格式二维码，二维码生成器通常在线即可制作二维码，不需要单独下载软件。下面以"草料二维码"为例，介绍二维码生成器的使用方法。

"草料二维码"是国内最大的二维码生成网站，它能实现文本，名片等二维码生成，还通过云技术，实现了文件（如PPT、DOC等），图片、视频、音频的二维码生成。比如我们要将一份复习用的习题文档分享给学生，就打开草料二维码网站，选择"文件"，上传本地文件，将习题文档上传，上传完成后，点击"生成活码"。再将活码下载下来，粘贴在PPT上让学生扫码，也可以拍照直接传给学生，学生在家自己扫码下载即可。它不仅提供二维码生成服务，同时还免费提供活码、二维码美化等服务，首页网址为 https：//cli.im/。这里要解释两个概念：静态码和活码。静态码：是直接对电话、地址、网址等信息进行编码（一般最多50个文字），所以无须联网也能扫描显示。缺点是生成的二维码图案非常复杂，不容易识别和打印，容错率低，而且印刷后内容无法变更，无法存储图片和文件。

活码：二维码活码是对一个草料网分配的短网址进行编码，扫描后跳转到这个网址。这样将内容存储在云端，可以随时更新，可跟踪扫描统计，可存放图片视频、大量文字内容，同时图案简单印刷时不容易出错。缺点是扫描时必须联网才能读取云端存储的信息。

　　我们以"制作植物介绍牌"为例讲解二维码生成的步骤。

　　第一步，打开草料二维码首页。

　　第二步，选择生成信息的类型，此处我们选择"文本"。

　　第三步，将需要转码的内容粘贴到工作区内，如果需要设置文本格式，点击工作区右上角的"高级编辑"，即可进入文本格式编辑页面。

　　第四步，点击"生成二维码"。涉及功能所在位置如图 8-20 所示。

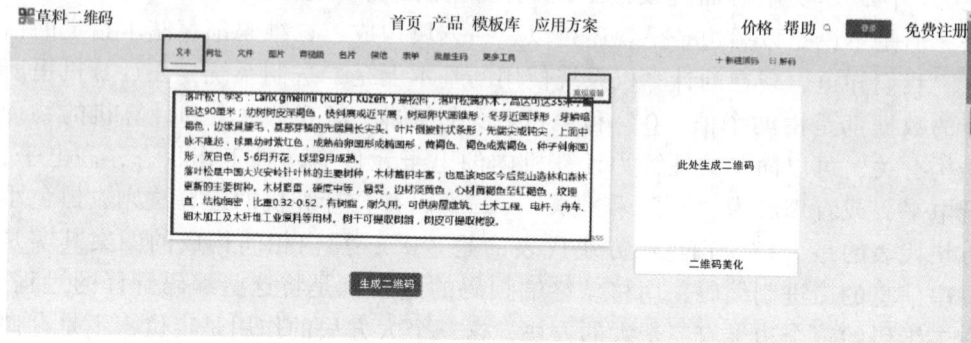

图 8-20　文本生成二维码工作区

　　此时生成的二维码为静态码，扫码者不需要联网通过直接扫描二维码即可识别文字信息内容，但是由于文字过多，生成的二维码复杂度较高，如果经过打印，容易便是不清，所以建议转为活码。只要点击"生成活码"即可，如图 8-21 所示。

图 8-21　生成活码

第五步，点击"保存图片"，二维码生成完成。

如果想增加二维码的趣味性和艺术性，还可以选择"二维码美化"，根据提供的美化模板，生成出更多样式的二维码，如图8-22所示。

图8-22　二维码美化模板

8.3.4　数据收集工具——问卷星

教育信息化背景下，教师要能够灵活运用评价方法，掌握多种评价工具，对学生能力发展的数据，进行系统收集。并且能够将评价数据进行科学的分析，通过分析进行教学总结反思，以数据分析为依据，促进教学改进。在传统教学时代，数据的收集多通过纸质试卷、问卷，成本高，回收材料后需要全人工进行数据处理。信息时代为我们提供了更为丰富的数据收集工具。利用信息化数据收集工具，用户不需要纸质版问卷，也不需要现场发放试题、问卷，甚至不需要在同一时间开展数据采集工作，真正打破了时间、空间的限制。同时利用信息化数据收集工具还能够将客观题自动做出评价，为用户提供数据分析，或者将收集来的数据导出用于其他数据分析软件，大大节省了数据整理的时间。信息化的数据收集工具也有很多，如果在教学过程中使用的是教学管理平台，那么教学平台必定有试卷生成功能，如果没有使用教学平台，也可以使用单独的数据收集工具进行在线数据收集工作，比如问卷星。

利用问卷星可以制作在线测试试卷，也可以制作教学效果调查问卷。问卷星网址：https://www.wjx.cn/。下面以"课堂表现自我评价"为例讲解使用过程。

第一步，打开问卷星网站，注册一个账号以便于后期数据管理。

第二步，进入个人界面，点击"创建问卷"，在"测评"类点选创建。

第三步，输入问卷标题"课堂表现自我评价"，点击"开始创建"。

第四步，从左侧工具栏选择"姓名"标签，这里使用默认设置，直接点击

"完成编辑"，此时会自动生成问卷中的姓名信息选项。

第五步，再次选择"姓名"标签，在编辑页面将默认"您的姓名"改为"您的学号"，将填充类型设置为"整数"，如图 8-23 所示。

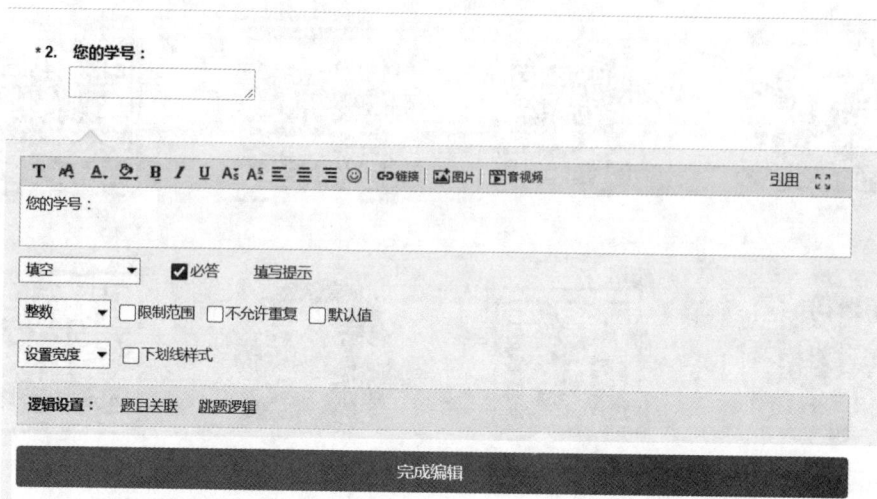

图 8-23　学号标签设置

第六步，在左侧工具栏选择"评分单选"，在编辑窗口属于测评题干，默认选项是两项，点击"添加选项"，可以再次增加选项。将选项标签修改为"完全符合""符合""不符合"，并修改后面相应分值为"2""1""0"，如图 8-24 所示。

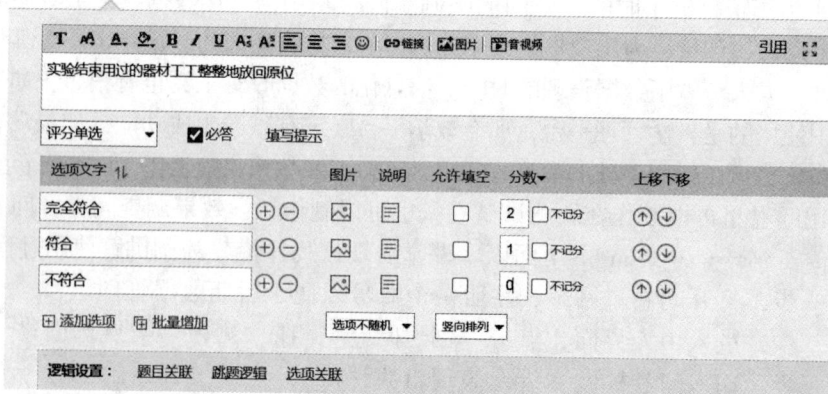

图 8-24　单选题设置

第七步，重复第六步，创建自评问卷。

第八步，所有问题设计完成后，点击"完成编辑"。

第九步，点击"发布问卷"，在页面内有问卷的二维码和链接，将它们通过微信等方式发给被测者，被测者扫描或者点击链接既可以在线答卷。

第十步，测评结束后，教师通过"分析 & 下载"可以查看测评结果。问卷星可以对数据进行统计分析，用户也可以将测评数据以 Excel 或 SPSS 格式输出，如图 8-25 所示。

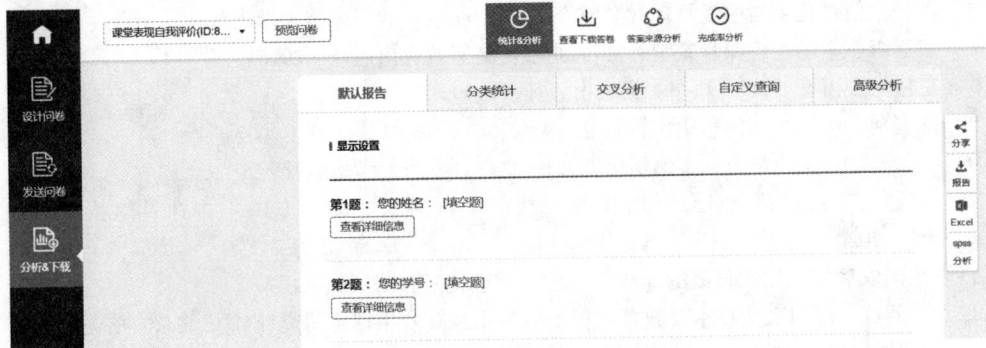

图 8-25　数据输出

参 考 文 献

［1］中华人民共和国教育部．义务教育小学科学课程标准［M］．北京：北京师范大学出版社，2017.

［2］教育部基础教育课程教材专家委员会．义务教育小学科学课程标准解读［M］．北京：高等教育出版社，2017.

［3］彭蜀晋，林长春．科学课程与教学论［M］．北京：高等教育出版社，2005.

［4］荆永君．现代教育技术与高中物理教学［M］．北京：高等教育出版社，2011.

［5］项华．信息技术与中学物理教学整合［M］．北京：北京师范大学出版社，2013.

［6］王运淼．中学物理课堂教学［M］．北京：高等教育出版社，2016.

［7］王溢然．模型［M］．郑州：大象出版社，1999.

［8］陈俊珂．中外教育信息化比较研究［M］．北京：科学出版社，2007.

［9］王馨．信息化教学设计实例精析［M］．北京：清华大学出版社，2011.

［10］张慧丽．教育信息化2.0时代的智慧教学新探索［M］．长春：吉林科学技术出版社，2020.

［11］南国农．信息化教育概论［M］．北京：高等教育出版社，2004.

［12］李丽红．虚拟现实技术在教育领域中的应用及其效果评价研究［M］．北京：旅游教育出版社，2015.

［13］许爱军．虚拟现实技术在教育中的应用［M］．北京：科学出版社，2017.

［14］张密生．科学技术史［M］．武汉：武汉大学出版社，2011.

［15］叶宝生．小学科学课程中的技术教育因素及教学策略［J］．课程．教材．教法，2015，35（10）：79-83.

［16］崔鸿，张海珠．新理念科学教学论［M］．北京：北京大学出版社，2013.

［17］章鼎儿，路培琦，李子平．走向探究的科学课［M］．浙江：浙江教育出版社，2012.

［18］苏乐．STEAM视角下的小学《科学》教学设计研究［D］．曲阜：曲阜师范大学，2017.

［19］张颖之．美国科学教育改革的前沿图景——透视美国K-12科学教育的新框架［J］．比较教育研究，2012（3）.

［20］王智红．STEM教育理念对小学科学教学的启示［J］．小学教学研究，2017（20）：15-16.

［21］奚金牛．STEM教育和小学科学课程整合的可行性探析［J］．新课程（上），2017（05）：96.

［22］田晓妍．STEM教育与小学科学课程资源整合的必要性［J］．学苑教育，2017（16）：90.

［23］王菲菲，陈爱武．基于认知发展理论的小学科学幼小衔接教学策略探析［J］．教育与教学研究，2020（7）.

［24］刘垮．5-6年级小学生提出科学问题能力的调查研究［D］．长春：长春师范大学，2020.

［25］王潇雅．基于Markov链的初中数学藏汉双语教学效果评价研究［D］．兰州：西北民族大学，2019.

［26］王芳宇．生物新课程教学论［M］．南京：南京大学出版社，2011.

［27］赵燕燕．面向小学科学技术与工程领域的设计型学习研究［D］．保定：河北大

学，2019.

[28] 柯清超．现代教育技术应用［M］．北京：高等教育出版社，2015.

[29] 远新蕾，赵杰，陈敏．信息技术支持下的课堂教学［M］．北京：冶金工业出版社，2017.

[30] 王志先．Google Earth 在初中地理教学中的应用十例［J］．中国地理教学参考，2014（19）．

[31] 张岩．植物花朵识别系统的设计与实现［D］．武汉：华中科技大学，2017.

[32] 许展慧，等．国内 8 款常用植物识别软件的识别能力评价［J］．生物多样性，2020，28（4）：524-533.

[33] 朱琴．思维导图和概念图在初中生物教学中的应用研究［D］．南京：南京师范大学，2018.